LES YIBRO
MAGES SOMALI

ISBN : 2-7384-8815-3

Christian Bader

LES YIBRO
MAGES SOMALI

Les juifs oubliés de la corne de l'Afrique ?

L'Harmattan
5-7, rue de l'École Polytechnique
75005 Paris - FRANCE

L'Harmattan Inc.
55, rue Saint-Jacques
Montréal (Qc) - CANADA H2Y 1K9

Autres ouvrages publiés par Christian BADER :

La Namibie (Karthala, 1997)
Le Sang et le Lait. Brève histoire des clans somali (Maisonneuve & Larose, 1999)
Mythes et Légendes de la Corne de l'Afrique (à paraître)

Mes remerciements vont à :

M. 'Aydaruus Maxamed 'Abdi, Secrétaire Général et porte-parole de *United Somali Roots*
M. Xuseen Axmed Xasan, chef coutumier des *sab* de Djibouti
M. Axmed Xuseen Axmed, Président de l'Association des Gaboyye de Djibouti
M. Maxamed 'Ismaan Yuuuf, de Qoriaaley
M. Axmed Sheekh Timajire, de Gaalka'yo
M. Warsame Aadan Jaama', de Mogadiscio
M. Xasan Abdi 'Ali, de Mogadiscio
M. Liibaan Xirsi Sa'iid, de Kismaayo
M. Muusa 'Ali Kore, de Jigjiga
M. 'Abdulqaadir Xuseen Maxamed, de Merka
M. Xasan Maxamed 'Ali, de Boosaaso
M. Ibraahim Du'ale Faarax, de Hargeysa
M. 'Abdillaahi Faarax Muxumed, de Baabille
M. Jamal Mohamed Adem, de Chiro
Suldaan 'Abduraxmaan Suldaan Olol Diinle, chef coutumier des Hawiyye Ajuuraan et Président *de Rescue Ethiopian Pastoralists* (REPA)
M. Axmed Qani Xasan, Secrétaire Général de *l'Ururka Xoreynta ummadda Soomaaliyyeeed, Somali Peoples Liberation Front* (SPLF)
Professeur Berhanou Abebe, professeur honoraire à l'Université d'Addis Abeba

et tous les Somali, *sab* ou *gob*, qui ont accepté de répondre à mes questions et pris le temps de me faire part de leur savoir.

AVANT-PROPOS

Dispersée parmi les Somali dans toute la partie orientale de la Corne de l'Afrique vit une petite communauté de sorciers, guérisseurs, devins, bouffons et jeteurs de sorts dont on ne parle guère volontiers et qui, alors même qu'elle se trouve aujourd'hui menacée de disparaître, reste encore nimbée d'un épais mystère : les Yibro.

Dans le système social somali, dont on retrouve les structures chez la plupart des tribus nomades de la région, jusqu'aux peuples sémites des hauts plateaux abyssins, les Yibro font partie de ces groupes humains qui, en raison de leurs activités jugées dégradantes, comme le travail du cuir et du fer, sont frappés d'impureté, tenus à l'écart et soumis par le droit coutumier à des statuts juridiques discriminatoires dont ils cherchent aujourd'hui à s'affranchir. Ces communautés comprennent, chez les Somali, les chasseurs-corroyeurs Midgo, les forgerons-ferblantiers Tumaallo et les Yibro dont il sera plus particulièrement question dans ce livre.

Ces Yibro, qui font profession d'apparaître lors des naissances et des mariages afin de monnayer une bénédiction dont peu de Somali prendraient le risque de se passer, se disent issus d'un mage qui fut tué aux alentours du treizième siècle de notre ère par l'un des "saints" qui, venus d'Arabie, introduisirent l'islam en Somalie. Les légendes attribuent parfois à ce mage des origines juives dont un nombre croissant de Yibro, toujours soucieux de retirer de leur singularité un pouvoir dont ne les investit ni leur nombre ni leur naissance, cherchent aujourd'hui à se prévaloir.

S'agit-il de l'une de ces mystifications dont les Yibro sont coutumiers, ou d'une revendication fondée? Le judaïsme, du moins sous certaines formes, a, comme on le sait, exercé en Ethiopie des influences qui ont été abondamment étudiées, notamment à travers le prisme des fameux Fälasha ou *Bétä Israél*, dont l'histoire et le sort ont mobilisé l'attention de nombreuses personnalités parfois davantage inspirées d'ailleurs par des préoccupations politiques que par des considérations d'ordre ethnographique. Ces influences se sont exercées, on le sait moins, au-delà des limites historiques de l'empire abyssin; elles ont ainsi effleuré, parfois de manière imperceptible, les régions où sont aujourd'hui établies des populations musulmanes de langue couchitique, notamment les Somali.

Pour autant, il n'est guère aisé de démêler, dans l'écheveau des traditions orales qui entourent l'origine et l'existence des Yibro, la part qu'elles doivent aux réalités historiques de celle qui procède de l'imagination, voire de la fabrication. La collecte d'informations en milieu somali, où la curiosité de l'étranger est souvent mal perçue, est un parcours semé d'embûches : souvent poussés par l'appât du gain ou le goût de la mystification, les interlocuteurs spontanés n'hésitent pas à se parer d'un savoir qui, à l'examen, s'avère limité, voire parfois suspect. Les informateurs les plus sincères et les mieux disposés sont eux-mêmes souvent freinés par l'ignorance, la discrétion ou la conviction d'être les détenteurs de vérités qui, fortement imprégnées de mythes, ont toujours plusieurs versions et se déclinent sur des modes très variables. Partout, toujours et en toutes circonstances, les récits et les confidences doivent être passés au crible de la raison et du scepticisme, et livrés avec les réserves qui s'imposent.

Le présent recueil, consacré aux groupes castés de Somalie, et en particulier aux mages Yibro, est le fruit de recherches maintes fois interrompues, parfois fourvoyées et souvent détournées de leur cours par quelque rencontre fortuite ou des voyages initialement dépourvus de lien avec leur objet. Mon enquête, qui s'est déployée à travers les quatre Etats où vivent aujourd'hui les Somali (Somalie, Djibouti, Ethiopie, Kenya) et aurait sans doute pu se poursuivre avec quelque profit au-delà du terme que j'ai été contraint de lui assigner, m'a permis de recueillir les traditions, aujourd'hui exsangues, des derniers Yibro. Ces traditions me sont apparues suffisamment originales pour mériter quelque attention et assez méconnues pour que j'aie souhaité les faire connaître davantage, tout en livrant à la sagacité du lecteur quelques hypothèses sur les secrets et les origines de cette petite communauté.

Note sur l'écriture de la langue somali

L'écriture des noms somali de personnes et de lieux présente de nombreuses variations, selon qu'il s'agit de sources italiennes, britanniques, arabes, éthiopiennes ou françaises. Mogadiscio, nom italien de la capitale somalienne, figure ainsi dans les documents écrits sous les formes de Mogadisque, Mogadishu, Maqdisho ou Muqdishu, et un anthroponyme comme Mohamed s'écrira indifféremment Mohammed, Muhammad, Mahamed ou Maxamed.

Pour des raisons de commodité et de rationnalité, les noms somali de personnes et de lieux qui figurent dans cet ouvrage se conforment, y compris pour les noms djiboutiens, à la graphie adoptée officiellement en 1973 par le gouvernement somalien. Cette graphie ne diffère de l'écriture latine que sur des points mineurs (les doubles voyelles indiquent ainsi l'accentuation plutôt que la longueur); tout au plus convient-il de signaler l'usage du x pour reproduire la laryngale sourde de l'arabe *ḥâ'* (ainsi Maxamed pour Mahamed, Xirsi pour Hirsi, etc.), du groupe consonnantique *dh* pour reproduire le *d* emphatique post-alvéolaire, du *q* pour l'occlusive vélaire sourde de l'arabe *qâf*, du *j* pour l'affriquée sonore *dj*. et du groupe consonnantique *ch* pour l'affriquée sourde *tch*. Le *c*, utilisé dans l'alphabet somalien pour reproduire la laryngale de l'arabe *'ayn*, est toutefois apparu trop déroutant pour être retenu, et a été remplacé dans cet ouvrage par ' : On lira donc 'Ali, 'Ulusow et 'Abdi, et non Cali, Culusow et Cabdi.

LE PEUPLE SANS FRERES

Dabee'addaa ayaa dadka
kugu dirta ama kigu darta
C'est par ses manières que l'homme
s'intègre à la société ou s'en exclut

Les castes dans la Corne de l'Afrique

Le peuplement de la Corne de l'Afrique résulte pour l'essentiel des vastes migrations entreprises, à partir du cinquième millénaire avant notre ère, par des tribus de langue couchitique initialement établies sur une dorsale qui s'étendait, semble-t-il, depuis les rives de la Mer Rouge jusqu'aux parages du Lac Turkana. Ces Couchites qui, lors d'une vaste expansion dont les deux fers de lance furent les Somali et les Oromo, ont progressivement refoulé les populations autochtones (chasseurs négroïdes parlant des dialectes du groupe nilo-soudanais, agriculteurs de langue omotique, pasteurs nilotiques), sont eux-même entrés en contact, dès la fin du deuxième millénaire avant notre ère, avec des immigrants sémites venus de la péninsule arabique. Ceux-ci ont contribué à la formation du royaume d'Aksum et ont fini par coloniser tous les hauts plateaux d'Abyssinie, où sont aujourd'hui établis des peuples comme les Tigréens, les Amhara et les Guragé.

Le substrat couchite, partout présent à des degrés divers dans cette région du monde, explique que s'y soit développée une civilisation qui, en dépit des modes de vie très différents coexistant en son sein (l'agriculture et l'élevage sédentaire dans les hautes terres de l'ouest, l'élevage nomade dans les basses terres de l'est), présente un certain nombre de traits distinctifs communs et se fonde sur un système de valeurs largement identiques, dont on retrouve du reste des traces ailleurs en Afrique et jusqu'au Proche-Orient. L'une des principales caractéristiques du "cercle de civilisation" qui prédomine dans toute la Corne de l'Afrique est le statut d'infériorité dans lequel sont maintenues, au sein des sociétés qui relèvent de ce "cercle", des communautés dont les activités sont considérées comme déshonorantes, impures ou funestes.

Maniant le fer et le feu, fabriquant des instruments tranchants et des amulettes, travaillant dans la fumée et le bruit, le forgeron, personnage auquel les anciennes civilisations paléo-africaines vouent pourtant un respect sacré, inspire dans la Corne de l'Afrique des sentiments mêlés, où la crainte suscitée par le mauvais oeil qu'on lui prête volontiers l'emporte souvent sur le mépris que suscite le caractère "impur" des besognes auxquelles il se livre. C'est à la caste des forgerons qu'appartiennent les *Il Konono* des Maasai, les *Tumtuu* des Oromo et des Burji, les *Tumaallo* des Somali, les *Tunicho* des Sidamo, les *Tebib* des Agew et des Tigréens, les *Téb* des Amhara, les *Näfwrä* des Guragé et bien d'autres[1]. Au sein de quelques-unes de ces communautés, les femmes se consacrent parfois à d'autres artisanats déconsidérés, comme la poterie; dans certaines tribus cependant, les potiers forment une caste à part[2]. Des occupations qui ne sont pas systématiquement l'apanage de groupes castés sont enfin considérés ici et là comme indigne des gens de haute naissance : c'est le cas du tissage (avec les *Dhardhow* des Somali, les *Sammanee* des Oromo et les *Mana* des Amaro), du travail du bois (avec les *Fuga* des Guragé) ou de l'apiculture (avec les *Gaagurtuu* des Oromo).

La chasse est également tenue, un peu partout dans la Corne de l'Afrique, où s'est très tôt répandue l'idée selon laquelle l'Homme ne doit tirer sa subsistance que des fruits de la terre ou des produits de l'élevage, comme un avilissant chapardage de viandes illicites, braconnées sur des terres dont le Créateur s'est réservé la jouissance. Le chasseur incarne en effet un stade de civilisation où l'homme, qui n'avait pas encore domestiqué les animaux ni appris les techniques de l'agriculture, menait une existence précaire et souvent misérable, entièrement absorbée par la poursuite du gibier, la cueillette de fruits sauvages et la confection des ruches et des pièges. L'impureté rituelle qui s'attache aux viandes sauvages frappe, avec plus de force encore, les cadavres d'animaux, qu'on ne saurait manier sans être soi-même contaminé par cette impureté. C'est la raison pour laquelle les tanneurs-corroyeurs[3] sont relégués, dans la plupart des sociétés de la Corne de l'Afrique, à une place encore inférieure à elle des forgerons. Si, dans certains cas, les communautés de chasseurs[4] sont le produit d'un processus de spécialisation résultant de contraintes économiques particulières, elles représentent assez souvent les résidus de populations plus anciennes, de type parfois négroïde, submergées par les vagues d'envahisseurs couchites ou sémites, contraintes de se réfugier dans les montagnes et les jungles les plus inhospitalières des régions où elles vivaient, marginalisées et progressivement réduites à un statut de caste inférieure par les nouveaux maîtres du pays.

Enfin, certains groupes castés, dont l'origine est généralement mystérieuse, sont attachés au service des souverains coutumiers : ainsi les *Kaisaf*, fonctionnaires rituels des Dime et des Basketto de la vallée de l'Omo, les *Geymi* attachés au service des souverains dizi de l'Outre-Omo, les chasseurs *Manjo* qui constituaient la garde royale du roi du Käffa, les porteurs d'eau *Gambalollay* attachés au chef coutumier (le *waber*) des Somali du clan des Baada'adde, et les guerriers *Garyeele* qui assuraient la protection du souverain (*ugaas*) des Somali du clan des Xawaadle. C'est peut-être à ces castes investies de fonctions rituelles qu'il convient de rattacher deux groupes inféodés aux Somali : les poètes *Yaxar*[5] et les bouffons et jeteurs de sorts *Yibro*, auxquels la présente étude est plus particulièrement consacrée.

---

[1]On trouve en effet des groupes de forgerons chez d'autres groupes ethniques de langue couchitique (ainsi les *Oorito* des Tsamako et les *Hawda* des Konso) ou sémitique (les *Qätqäch* des Argobba et les *Tumtu* des Adaré de Harar), ainsi que chez les peuples de langue "omotique" établis de part et d'autre de la vallée de l'Omo dans le sud-ouest de l'Ethiopie (avec les *Fuga* des Dime, les *Gittamana* des Ari, les *Gitsu* des Dime, les *Qemmo* des Käffa, les *Uri* et les *Gwona* des Dizi, les *Gito* des Male et des Bena, les *Yirfo* des Janjero, les *Dima* des Chara, les *Mana* des Shangama et les *Wogache* des Amarro, des Wolayta et des Zala).

[2]Ainsi les *Fugaa* ou *Aaddoo* des Oromo occidentaux, les *Waata* des Oromo orientaux, les *Adicho* des Sidamo, les *Qoriaaley* des Somali, les *Mana* des Dorze, des Konta et des Wolayta, les *Manni* des Ari et des Male, et les *Manno* des Käffa sont-ils des castes de potiers.

[3]C'est à la caste des tanneurs-corroyeurs que se rattachent certains groupes *Midgo* des Somali, les *Faqii* des Oromo et des Burji, les *Faqi* des Amhara et des Fälasha, les *Faaqin* des Argobba, les *Gezhä* des Guragé, les *Awacho* des Sidamo, les *Hawda* des Konso, les *Degala* des Dorzé et des Wolayta, les *Qachoa* des Zala, les

Manno des Käffa, les *Manna* des Dime et les *Mana* des Amarro, des Chara et des Gofa.

[4]Ces communautés comprennent entre autres les *Il Torobo* ou *Ndorobo* des Maasai du Kenya et de Tanzanie, les *Okiek* des tribus Kalenjin du Kenya, les *Midgo* des Somali, les *Waata* des Oromo orientaux, les *Fuga* des Guragé et des Janjero, les *Weyt'o* des Amhara, les *Bacha* des Dime, les *Gito* des Male, les *Manjo* des Käffa, les *Bando* des Sheko, les *Kwayeju* des Bench et des She, les *Kwoygu* des Dizi, les *Bashada* des Hamar, les *Muguji* des Karo et les *Kwegu* ou *Yiidenich* des Bodi et des Mursi.

[5]V. infra, p. 30.

Les rigueurs du droit coutumier

Le peuple Somali est composé de quatre grandes confédérations claniques, toutes issues d'un ancêtre éponyme appelé Samaale, dont les généalogies mythiques font un descendant de la famille du Prophète : celle des *Dir* (avec les 'Iisa ou "Issa" de Djibouti et de Dire Dawa, les Gadabuursi de Boorama et les Biimaal de Merka), celle des *Hawiyye* (dont font partie des clans comme les Ajuuraan, les Karanle, les Abgaal, les Habar Gidir et les Murursade, et à laquelle sont associés des clans issus des frères de Hawiyye, comme les Gaalje'el et les Xawaadle), celle des *Daarood* (avec les Majeerteen, les Ogaadeen, les Dhulbahante, les Warsangeli, les Mareexaan, les Bartire et bien d'autres), et enfin celle des *Isaaq*, dont les clans occupent toute la partie centrale du "Somaliland" auto-proclamé. A ces quatre grandes confédérations claniques s'ajoute celle des Sab, issue d'un cousin "roturier" de Samaale et composée de communautés villageoises d'agriculteurs-éleveurs sédentaires établies dans les terres fertiles du sud du pays, entre le Shabeelle et le Jubba.

Les populations de langue somali comprennent par ailleurs un certain nombre d'éléments allogènes, absents par conséquent des généalogies qui font remonter tous les Somali à ces deux ancêtres communs : ainsi les communautés arabo-somali établies dans certaines villes côtières (essentiellement Mogadiscio, Merka et Baraawa), qui disent descendre des fondateurs, Arabes ou Persans arabisés, de ces cités; les communautés d'origine servile, établies sur les rives fertiles du Jubba et du Shabeelle et issues d'esclaves bantous amenés en Somalie pour y cultiver la terre; enfin, les groupes "castés" qui se consacrent à des activités jugées déshonorantes par les autres Somali : les chasseurs-tanneurs Midgo, les forgerons Tumaallo et les sorciers-bouffons Yibro. Les Somali du sud, notamment Hawiyye, donnent à ces groupes le nom de *bon*, dans lequel on retrouve celui des Boni, une tribu de chasseurs-collecteurs d'origine somali aujourd'hui établie entre le fleuve Tana et la frontière somalo-kényane[1]. Les Somali du nord, essentiellement Isaaq et Daarood, les désignent en revanche par le terme de *sab* qui, vraisemblablement issu d'une racine qui signifie "homme" ou "multitude", n'est pas sans évoquer le nom des agriculteurs Sab de l'entre-deux-fleuves mais ne doit pas être confondu avec ce dernier. Le mot *sab*, dont *gun* ("base", d'une racine sémitique *gund-*, "partie infime"), *gunweyyan* et *go'oso* sont des synonymes également employés dans le nord de la péninsule, est opposé au somali *gob*, "noble", ou au mot *nasab*, "qui a une généalogie"; on fera ainsi la distinction entre *sab* et *gob*, entre *sab* et *nasab*, entre *gun* et *gob*. On oppose par ailleurs, de la même manière, les *Midgo* et les *Aji* (du nom de l'ancêtre commun des Dir, des Isaaq et des Daarood), ainsi que les *nasabdhiman* ("qui n'ont pas de généalogie") et les *nasab*.

Le statut dérogatoire que le droit coutumier somali confère aux *sab/bon* se trouve en contradiction flagrante avec les dispositions du droit coranique, qui proclame l'égalité de tous les croyants. Aussi les docteurs en religion somali ont-il cherché à justifier l'infériorité des *sab/bon* par l'état d'impureté rituelle (*nijaasi*) permanente dans laquelle ils se trouveraient en raison de leur inobservance d'un certain nombre d'interdits alimentaires. Ces interdits ont, il convient de le signaler, une étendue plus grande chez les Somali que chez beaucoup d'autres musulmans : ils portent aussi bien en effet sur le gibier (antilopes, dik-diks, pintades, lièvres) et sur les produits de la mer (coquillages, crustacés, poissons) que sur les parties dites "impures" des animaux de boucherie, telles que la tête, les entrailles et les pattes. Or, les chasseurs et pêcheurs *sab/bon* consomment, non seulement le produit de leur activité principale, mais également les parties des bêtes que leurs patrons somali s'abstiennent de consommer; ces pratiques leur ont du reste valu les sobriquets, hautement insultants, de *'alool uuno*, "mangeurs de tripes" ou *baqti uuno*, "mangeurs de cadavres".

En vertu du droit coutumier somali, dont l'ethnologue et linguiste italien E. Cerulli a étudié quelques dispositions chez les Daarood Majeerteen du nord-est de la Corne[2], les *sab/bon* ne font partie d'aucun clan ni d'aucune communauté lignagère (*reer*) juridiquement reconnue; ils sont exclus des généalogies qui font remonter tous les Somali à des ancêtres communs, issus comme le Prophète de la tribu mecquoise des Quraysh, et sont à ce titre un "peuple sans frères". Cet isolement, source de multiples déboires potentiels, oblige les *sab/bon* à se placer sous la protection d'un "patron" (*abbaan*) somali. A la différence de l'esclave, propriété du maître, le *sab/bon* conserve cependant la propriété de sa personne; seul le produit de son activité est la propriété de son "patron". Le droit coutumier décourage par ailleurs, voire prohibe strictement toute union matrimoniale entre un Somali et un *sab/bon*. L'enfant d'un père somali et d'une mère *sab/bon* est désigné par le terme dépréciatif de *xanfas*, *muuqshabeel* ou *muwallad*; il appartient à la caste de sa mère et ne peut être reconnu par son père. Si celui-ci choisit néanmoins de le reconnaître, il devient un *sab/bon* à son tour. Quant à l'enfant d'une femme somali et d'un homme *sab/bon*, il était jadis tué dès la naissance, à l'instar des enfants anormaux ou monstrueux. Si la femme réussissait à le sauver, elle devenait à son tour une *sab/bon* et ne pouvait plus jamais devenir l'épouse légitime d'un Somali. Bien que les rigueurs du droit coutumier se soient assouplies depuis quelques années, le couple femme somali-homme *sab/bon* continue, y compris en milieu urbain, de s'exposer à des représailles de la part de la famille de la femme; ainsi, à Mogadiscio, en février 1988, une femme qui avait pour amant un *bon* fut soumise à un viol collectif et défigurée à coups de couteau; l'homme fut roué de coups et émasculé.

Le droit coutumier déniait par ailleurs aux *sab/bon* le droit de posséder des chameaux, des boeufs et des chevaux; les *sab/bon* étaient cependant autorisés à entretenir des troupeaux de petit bétail, ainsi que des ânes. Pour la chasse à l'autruche, le *sab/bon* pouvait exceptionnellement emprunter l'un des chevaux de son patron, qui abandonnait le quart de la viande au *sab/bon* et en conservait les trois autres quarts au nom de l'adage : "un quart pour moi, un quart pour mon cheval et un quart pour ma fille". Traditionnellement, un *sab/bon* ne pouvait porter ni de lance, ni de bouclier, attributs exclusivement réservés au guerrier somali (*waranle*); il avait en revanche le droit de se servir d'arcs et de flèches, ainsi que d'armes à feu. Le témoignage des *sab/bon*, dont on disait qu'"ils n'étaient pas des Somali, mais des menteurs et des voleurs"[3], n'était pas recevable dans les tribunaux coutumiers. Conformément aux interdits associés aux rites de passages qui prévalent encore de nos jours au sein de certaines communautés de langue oromo, les *sab/bon* n'étaient pas autorisés jadis à franchir le seuil de la maison d'un Somali "noble" et à entrer dans sa demeure, fût-elle une simple hutte; c'est dehors qu'on traitait avec eux. Par ailleurs, comme l'a indiqué à Cerulli un observateur du clan des Xawaadle[4], les *sab/bon* ne saluaient pas leur "patron" somali en lui tendant la main comme il se doit entre Somali, mais en lui tendant un morceau de bois.

En cas de meurtre d'un *sab/bon* par un Somali, la famille de la victime n'avait pas le droit de réclamer le prix du sang (*mag* ou *diyya*); celui était versé par le meurtrier au "patron" du *sab*; lorsqu'un *sab/bon* avait tué un Somali, il revenait au patron du *sab/bon* de payer le prix du sang. De même, lorsqu'un *sab/bon* commettait un vol, c'est son patron qui devait verser le dédommagement. Alors que, chez les Somali Isaaq, le prix du sang était traditionnellement de cent chameaux pour un Somali, il n'était que de cinquante chameaux pour un Midgaan ou un Tumaal, et de vingt-cinq chameaux seulement pour un Yibir; chez les Baada 'adde, il était de douze chameaux pour un Somali et de quatre chameaux pour un *bon*, chez les Gaalje'el de vingt-deux chameaux pour un Somali et de onze chameaux pour une femme ou un *bon*[5]. Selon un informateur du clan isaaq des Habar Awal cité par E. Cerulli[6], le meurtre d'un Midgaan devait être compensé par le paiement d'une chèvre, alors que celui d'un Yibir ne donnait lieu à aucune compensation. Le droit coutumier des Daarood Mareexaan précisait cependant que le meurtre d'un Yibir devait être vengé par le meurtre d'un autre Yibir client du meurtrier ou par le versement, au patron du Yibir tué, d'une *diyya* de cent chameaux comme pour les Somali "nobles"[7]. Pour le meurtre d'un chasseur Garyaale attaché à son lignage, l'*ugaas* (chef coutumier) des Xawaadle avait réclamé comme prix du sang six fusils au lignage des 'Ali Madaxweyne[8]. Enfin, les litiges entre *sab/bon* étaient portés devant un *qadi* (juge) spécial, généralement issu de la communauté des Yibro; celui-ci célébrait également, en échange d'un paiement en nature consistant en peaux d'antilopes ou de gazelles, les mariages entre *sab/bon*. Les litiges entre un *sab/bon* et un Somali ne pouvaient être portés en justice que par le "patron" du *sab/bon*.

Le droit coutumier a, depuis l'accession à l'indépendance du Protectorat britannique du Somaliland et de la Somalia italienne, beaucoup perdu de sa vigueur, tantôt au profit des lois et règlements hérités du droit colonial et incorporés au droit du nouvel Etat, tantôt par l'effet d'un recours accru aux dispositions du droit coranique. L'évolution de la société somali et la disparition de certaines activités naguère régies par le droit coutumier ont largement contribué par ailleurs à vider celui-ci de sa substance. Les *sab/bon* continuent cependant de subir, y compris en milieu urbain, le poids de traditions d'autant plus tenaces que les Somali, privés depuis neuf ans d'Etat et d'institutions stables, les considèrent comme une partie intégrante de leur identité.

---

[1] Curieusement, le mot *bon* désigne également les basses castes en adari, la langue sémitique parlée dans la ville sainte de Harar; le terme pourrait être être issu du boni *bu'ung*, qui désigne la "corde de l'arc".

[2] E. Cerulli, *Il diritto consuetudinario della Somalia Settentrionale (Migiurtini)*, in : *Somalia, Scritti vari editi ed inediti*, II, p. 1-74.

[3] Kirk, *The Yibirs and Midgans of Somaliland, their Traditions and Dialects*, in : *Journal of the African Society*, IV, 1 (1903), p. 91-92.

[4] E. Cerulli, *Le basse caste presso gli Hawiyya*, in : *Somalia*, II, p. 287 et 290.

[5] E. Cerulli, *La tribu somali*, in : *Somalia*, III, p. 93.

[6] E. Cerulli, *Somali songs and little texts*, in : *Somalia*, II, p. 199.

[7] E. Cerulli, *Testi di diritto consuetudinario dei Somali Marrehân*, in : *Somalia, II*, p. 82.

[8] E. Cerulli, *Le basse caste presso gli Hawiyya*, in : *Somalia*, II, p. 289.

Les gens du carquois

Le groupe *sab/bon* le plus important numériquement est celui des Midgo (au sg. Midgaan). L'étymologie populaire explique ce terme à *mid ga'an*, "une main", mais il semble qu'il faille plutôt discerner dans la seconde partie le mot *gane*, pl. *ganeyyaal*, "archer" (cf. égal. *ganayya*, "décocher une flèche"). Les Midgo exécutent traditionnellement des tâches qui, commodément regroupées sous le terme *shuqul Midgood*, "travail de Midgo", sont en réalité extrêmement variées. Là où le gibier n'a pas encore été totalement décimé, c'est-à-dire essentiellement en Ogaadeen et dans le Trans-Jubba, les Midgo chassent à l'arc et aux flèches, utilisant le poison tiré du *waabayyo*[1] et des pièges de forme spéciale. Ils dépouillent de leur peau les charognes, que nul Somali ne s'aviserait de toucher, puis corroient et tannent le cuir à l'aide de feuilles et d'écorce de *watax* (*Osyris abyssinica*), de l'écorce de la racine de l'acacia *galol* (*Acacia bussei*) et de l'écorce de l'acacia *maraa* (*Acacia arabica* ou *nilotica*). Ils fabriquent des sandales (*kabo*) et d'autres objets, tels que des ceintures (*suuman*), des courroies (*hakameyyaal* ou *dabarro*), des cravaches (*jeedallo*), des selles (*kooreyyaal*), des boucliers (*gaashaammo*) en cuir de girafe et une sorte de tapis de prière (*masalleyyaal*) en peau de gérénouk. Les hommes font également office de bouchers et construisent les enclos pour les animaux. Ils sont employés comme porteurs d'eau, creusent et nettoient les puits. Renommés pour leur excellente connaissance de la brousse, de ses dangers et de ses ressources, ils traquent les animaux et les gens perdus, et servent d'éclaireurs et d'hommes de main pour les basses besognes. Certains groupes midgo sont spécialisés dans d'autres activités, telles que la pêche ou le tissage. Des communautés midgo, dont il ne reste plus aujourd'hui que de maigres traces, étaient attachées dans certains clan au service du souverain-faiseur de pluie. Beaucoup de Midgo se consacrent aujourd'hui à des activités manuelles liées à l'urbanisation : ils sont tour à tour terrassiers, charpentiers, carreleurs, peintres en bâtiment, menuisiers, électriciens, plombiers ou décorateurs; un grand nombre d'entre eux sont également coiffeurs. Quant aux femmes, qui se livrent à toutes sortes d'artisanats traditionnels, comme la vannerie et la fabrication de parfums, elles excisent et infibulent les petites filles[2]; on fait également appel à elles pour "défaire" leur travail la veille du mariage ou pour assister les parturientes.

De nombreux termes génériques désignent les Midgo : ceux de *Ugaadhsato* ou de *Baydari* (le mot signifie tout simplement "chasseurs") et de *Dabinle* ("trappeurs", "piégeurs") font référence à des activités qui les caractérisent aux yeux des autres Somali. Les Midgo s'appellent eux-mêmes *Reer Gaboyye*, "Gens du Carquois" ou *Reer Boqon*, "Gens de la Corde de l'Arc". Selon Kirk, qui étudia leurs argots au début du siècle, les Midgo du Somaliland se donnaient le nom d'*Alowa*[3], dont l'étymologie est obscure. Les Yibro les appellent parfois *Waran* ou *Woran* (terme d'autant plus curieux que *waran* désigne en somali la lance, arme dont le droit coutumier interdit formellement le port aux Midgo), ainsi que *Wa'duur* ou *Ya'duur*.

Le nom de "Midgo" regroupe de très nombreuses communautés qui, exclues des généalogies, sont assez mal connues et disparaissent parfois sans laisser de traces au hasard d'une migration, d'une razzia ou, plus simplement, de l'extinction de l'activité à laquelle elles se livraient. Recenser ces communautés avant qu'elles ne sombrent dans l'oubli serait un exercice bienvenu, auquel je souhaite, au risque d'apparaître fastidieux et d'ennuyer le lecteur, apporter ici une modeste contribution, moins d'ailleurs pour faire avancer les connaissances dans ce domaine pratiquement inexploré que pour rendre hommage à ces parias avides d'une reconnaissance dont les traditions des "nobles" somali continuent de les priver.

De nombreux groupes midgo sont ainsi établis parmi les clans de la confédération daarood, qu'ils considèrent généralement comme plus hospitaliers que les autres clans somali. C'est ainsi parmi les Daarood Dhulbahante et d'autres clans de la famille Harti (Majeerteen, Warsangeli) que sont établis les nombreux descendants d'un certain Maxamed dit "Madhibaan" (de *ma*, particule négative, et *dhib*, "problème"; "pas de problème"), déjà cités par Kirk sous le nom de *Madiban*[4] : ces **Madhibaan** comprennent les lignages primaires de **Kuul** ou **Kuulbeer** (de *kuul*, "collier" et *beer*, "jardin"; "ils se multiplient comme les fleurs d'un jardin à cause du collier"), dont les descendants sont des guerriers aujourd'hui établis à Gaalka'yo, au voisinage des Hawiyye, ainsi que les deux lignages primaires, à vrai dire peu fournis, de Sa'ad et de Geeddi. Parmi les lignages secondaires des Madhibaan, on cite les guerriers **Aarsade**, les guerriers **Xorogle** de Galaadin sur la frontière éthio-somalienne, les **Aadan**, les **Si'iid**, fils de Kuul, et les **Huffane** qui, établis dans le port de Boosaaso où la plupart d'entre eux s'adonnent aujourd'hui au commerce, sont connus pour leurs talents de poètes et représentent au sein des Madhibaan le lignage souverain.

Chez les Majeerteen du nord-est de la Corne, on trouve également les **Reer Makame**, qui vivent à Boosaaso et qu'on dit originaires de la region de Jowhar sur le Shabeelle[5], les **Suxuuro** (*suxuur* désigne en somali le repas pris avant l'aube, pendant la période du ramadan) établis entre Eyl et Bandar Beyla, les **Marinaayo** (dont le nom est de toute évidence d'origine italienne), des pêcheurs d'origines diverses éparpillés sur la côte entre Xobio et le Raas 'Asayr. Ceux-ci sont proches des **Xoryeelo** (avec *xor*, "libre", *xorriyyad*, "liberté", *xoraynayya*, "libérer"; "ceux qui ont été libérés"), qui sont pêcheurs et constructeurs de maisons, et vivent sur les côtes du pays occupé dans l'extrémité de la Corne par les Daarood Majeerteen, entre Boosaaso, le Cap Gardafui et l'aiguade de Garaad. Les Xoryeelo se disent parfois originaires du sultanat d'Oman, mais seraient plutôt les descendants d'artisans que le *boqor* (roi) 'Ismaan Maxamuud avait fait venir de Zanzibar avant de les affranchir. Le statut des **Filku'aaq** de Sayn près du Cap Gardafui est controversé : certains Majeerteen les tiennent en effet pour des *sab*, mais eux-mêmes se disent d'origine arabe et affirment que leur ancêtre était un descendant direct de Majeerteen. D'autres groupes de la région se considèrent comme des "minorités", et non comme des *sab* : ainsi les **Jambeel** de

Boosaaso, Buru', Ba'ad et Qandala, qui affirment depuis un peu plus d'une génération être les descendants de 'Abdi Koombe, les **Reer Waa Rag** qui, à la suite de guerres claniques, s'installèrent à Boosaaso sous l'autorité de leur chef Guuleed Faragub, les **Gahayle** qui, originaires de 'Eerigaabo, vivent aujourd'hui dans l'opulence à Boosaaso et parmi le clan majeerteen des Siwaaqroon, et les **Jarhan** qui, peut-être originaires d'Inde ou du Pakistan, se sont établis parmi les Majeerteen 'Ali Saleebaan après avoir longtemps été au service des Majeerteen 'Ismaan Maxamuud et de leur *boqor*.

Le territoire des Daarood Warsangeli abrite plusieurs groupes minoritaires, dont il est parfois difficile de dire s'ils sont castés ou tout simplement trop faibles pour que des alliances avec leurs protecteurs somali puissent être envisagées : ainsi les chasseurs et chameliers **Gurgure Lo'jir** (*lo'jir* signifie "vacher") qui sont très proches des Madhibaan et se disent issus de Dir; les **'Urdudub**, qui sont établis entre les monts Warsangeli, Laas Qoray et Qandala, et dont l'origine est controversée[6]; les **Ugaslabe** de la région de 'Eerigaabo, commerçants aisés qui se disent Arabes (ils ont en effet le teint clair) et auxquels une étymologie populaire pour le moins fantaisiste attribue parfois des origines "yougoslaves"; les **Jibriil** ou **Jibra'iil** qui, également établis dans la région de 'Eerigaabo, se disent tantôt issus de l'union de Sheekh Madhibaan avec une femme Daarood, tantôt originaires de l'Ogaadeen.

En Ogaadeen, où nomadisent les clans daarood du même nom, on trouve également de très nombreux groupes midgo : les chasseurs-tanneurs **Gol'ade** ("poches blanches"), établis parmi les Ogaadeen Talamoge, ainsi que dans certains quartiers de Dire Dawa; les chasseurs **Reer Wardheere** de la région de Dhagax Buur, les chasseurs-tanneurs **Madqaal** et les cireurs de chaussures **'Aseeye** (ou **'Aseeye Madhimadhi**) établis à Godhey sur le Shabeelle et à Qabri Daharre, et les chasseurs **Reer Gaheen** entre Dhagax Buur et Jigjiga. Les **Ilkayare** ("petite dent") sont inféodés aux Daarood Mareexaan du Trans-Jubba, les **Hawraarsame** (de *hawraarsan*, "c'est cela, c'est d'accord") aux Darood Mareexaan de Dhuusa Mareeb, les **Habar Yaa'quub** aux Daarood Mareexaan de Buulo Xaawo. Chez les Daarood de la région du Harar, en Ethiopie, on trouve les chasseurs-tanneurs **Fiidle** (chez les Daarood Geri) et les chasseurs-tanneurs **Hawle** ou **Howle** (chez les Daarood Bartire). Quant aux chasseurs-tanneurs **Wardeey**, ils nomadisent avec les clans daarood de la région de Kismaayo.

Les clans de la confédération des Hawiyye et les clans dits "pré-hawiyye" qui, issus de collatéraux de Hawiyye, arrivèrent dans le sud de la péninsule avant les autres Somali, abritent également plusieurs groupes midgo. Inféodés aux Hawiyye Abgaal de la région de Mogadiscio, on trouve ainsi les chasseurs-tanneurs **Madarraala** et **Galgale**[7] dans la région de 'Adale, Geeddi Xayr et Warsheekh, les chasseurs-tanneurs et vanniers **Gaboyye** (de *gaboyye*, "carquois") dans la région de Warsheekh, les chasseurs-tanneurs **Barkanle** le long du Shabeelle jusqu'à Jowhar, les porteurs d'eau et foreurs de puits **Dhaaniye** (cf. *dhaan* ou *dhaaman*, "chameau utilisé pour porter de l'eau") établis au nord de la capitale somalienne, à 'Adale, Aadan Yabaal et Warsheekh[8], et les tisserands **Dhardhow** (cf. *dhar*, "vêtement"). Les **Jaaji**, dont le nom pourrait être apparenté à celui de la province arabe du Hijâz, sont établis quant à eux sur la côtes de l'Océan Indien, depuis Mogadiscio jusqu'à l'aiguade de Garaad; ils pêchent le poisson, les tortues marines et les crustacés, récoltent l'ambre, vendent des objets fabriqués avec des écailles de tortue et ont traditionnellement droit de propriété sur tous les objets rejetés par la mer.

De fort nombreux groupes midgo ont élu domicile parmi les clans de la vallée du Moyen-Shebelle : les chasseurs de gros gibier et fabricants de boucliers **Bon Mareexaan** vivent ainsi avec les Hawiyye Baada'adde; les tanneurs **Gaagaab**, dont le nom est issu du fréquentatif *kakkabayya*, "corroyer" et dont on trouve également quelques groupes parmi les Daarood Ogaadeen, notamment Bah Geri, sont établis chez les Baada'adde Illaabe et chez les "pré-Hawiyye" Xawaadle. Le *waber*, souverain coutumier des Baada'adde, avait traditionnellement pour serviteurs les porteurs de calebasses (*qolasid*) **Gambalollay** ou **Gabalollay**, qu'on trouve également en petit nombre chez les Xawaadle Aadan Yaber; les **Garyeele** ou **Garyaale**, dont on dit qu'ils ignorent la peur et se montrent valeureux au combat, sont au service du lignage souverain des Xawaadle, les Reer Ugaas; ils sont également chasseurs et fabriquent des sandales. Parmi les Xawaadle, décidément hospitaliers aux Midgo, vivent également les chasseurs **Ukkuray**, les chasseurs-tanneurs **Garmaqaate** (avec *gar*, "procès", *ma*, particule négative, et *qaati*, "qui agace, ennuie"), issus d'un clan jadis puissant, et les **Yayle** qui, protégés par le lignage des Ismaa'iil Aadan Yaber, passent pour être de très petite taille. On trouve les magiciens, poètes satiriques, pêcheurs et tisserands **Yaxar** ou **Yexer** chez les Baada'adde de Buulo Burte, ainsi qu'en de nombreux points de la côte, chez les Hawiyye Habar Gidir, dont le vaste et désertique territoire abrite également quelques bandes de chasseurs-tanneurs **Guuleed 'Ade**. Les **Barbarow**, terme dans lequel on reconnaît le nom donné aux Somali par les chasseurs Ribi[9], sont établis parmi les Gaalje'el à l'ouest de Buulo Burte.

Quelques groupes midgo assez isolés sont également établis parmi les Hawiyye d'Ethiopie et du Kenya. Les chasseurs **Ribi** et les **Gaalbooris** vivent avec les restes du clan des Ajuuraan, dont la puissance fut jadis considérable. Les **Harag 'Ade** sont établis dans la région de Negelle, parmi les Digoodiya, et les **Madax Garre** parmi les Garre de 'Eel Waaq. Deux groupes sont inféodés aux Hawiyye Karanle de la haute vallée du Shabeelle : les **Reer Aamin**, qui fabriquent des sandales et gardent les chameaux, et dont la beauté est célèbre, vivent à Gabxo avec le lignage des Abshalle; les tanneurs **Asteexo Aamir** sont établis avec le lignage des Sehawle; on en trouve également à Baydhowa où ils se marient aux Raxanweyn. Inféodés au lignage souverain du plus prestigieux des clans raxanweyn, les Gasaara Gude de Luuq sur le Jubba, on trouve les **Gobweyn**; ceux-ci participent à l'investiture du chef coutumier (le *garaad)*; ils se rendent dans une localité appelée Meeroo, où fut élu le premier *garaad*, et en rapportent de la terre. Ils placent le trône-escabeau du *garaad* sur cette terre, et tressent à l'aide de lianes de *mayrax* (*Euclea schimperi*) la couronne du souverain.

Parmi les groupes midgo, il convient encore de citer les **Seddax Geeddi** ("trois bois") d'Afgooye, dont les traits parfois négroïdes évoquent des origines serviles, les chasseurs-tanneurs **Wiyyeer** des 'Iisa de Dire Dawa et de Djibouti, ainsi que deux groupes qui vivent chez les Isaaq dans le "Somaliland" auto-proclamé : les chasseurs **Qulle** des Habar Awal et les coiffeurs **Madhibaan** des Habar Je'lo, qui ne sont certainement autres aux Madhibaan dont il a été question précédemment.

---

[1]V. infra, p. 69.

[2]On entend en Somalie par excision l'ablation du clitoris (clitoridectomie), des petites lèvres et d'une partie des grandes lèvres; l'infibulation consiste à suturer la plaie qui résulte de cette opération en maintenant les bords jusqu'à la cicatrisation à l'aide d'épines d'acacia, et en ne laissant subsister qu'une petite ouverture permettant l'évacuation de l'urine et des menstrues.

[3]J. W. C. Kirk, *A Grammar of the Somali Language* (Cambridge, 1905), p. 201 et 211.

[4]J. W. C. Kirk, *Yibir, Midgan and Tumal*, in : *Journal of the African Society*, IV, 3 (1904), p. 97.

[5]Le nom de "Makame" n'est pas sans évoquer celui des Makanni, des négroïdes d'origine servile aujourd'hui établis dans la moyenne vallée du Shabeelle entre Beled Weyne et Mustaxiil.

[6]Les sources s'accordent pour faire d'eux les anciens maîtres de la région, mais on les dit tantôt Dir, tantôt Hawiyye Ajuuraan, tantôt même Tigréens; les traditions les plus répandues font toutefois des 'Urdudub des descendants des fameux Tiirri, un peuple de géants (sans doutes des Oromo) auquel on attribue la construction de plusieurs milliers de tombes, notamment dans la région de 'Eelayo.

[7]Le chef des Galgale est un artiste-peintre du nom de 'Ulusow "Geede Qorow", qui fit fortune sous le règne de Siyaad Barre; les Abgaal disent des Galgale, avec lesquels ils ne se marient jamais : *Gabar gobeed nin Galgale ah, guri ma loogu geyn karaa?* ("Comment une jeune fille noble pourrait-elle s'unir à un Galgale dans une chambre?").

[8]Le Colonel Faarax Qare, l'un des chefs de la police de 'Ali Mahdi, un Hawiyye du sous-clan abgaal des Harti (auto-proclamé en 1991 Président de Somalie), est un Dhaaniye.

[9]V. infra, p. 44-45..

Les maîtres de la forge

Les forgerons, chaudronniers et ferblantiers Tumaallo (au sg. Tumaal) occupent au sein des groupes *sab/bon* une place assez particulière. Ils jouissent en effet d'un statut souvent plus avantageux que celui des Midgo, dû essentiellement à la spécialisation de leurs activités, qui les amène à vivre dans des milieux urbains ou le poids des diverses ségrégations se fait généralement moins sentir. Beaucoup de Tumaallo disent descendre de Hayyaag, l'un des fils de Daarood, qui devint un Midgaan à la suite d'alliances matrimoniales avec ces derniers[1] ; le point est confirmé par G. Ferrand[2], pour lequel "Les Tomal sont devenus parias par des mariages avec des filles Metgan ou Yibber".

L'étymologie populaire, selon laquelle leur nom est issu de *tumayya*, "marteler", *tun*, "forge", et *maalayya*, "subsister, vivre de", fait des Tumaallo "ceux qui vivent de la forge". R. Burton, qui évoquait dès 1854 les "Tomal"[3], les mentionnait également sous le nom de *Handad*, déformation de l'arabe *haddâd*, "celui qui travaille le fer"; les Midgo du nord de la péninsule appellent également les Tumaallo *Handud*. Robecchi-Brichetti parlait au début du siècle de "Tumal ou *Tum-tum*"[4]. Les Ribi du Trans-Jubba appellent les forgerons *Hangarakuul* (où l'on distingue le mot *kuul*, "collier"); les ferblantiers Muusa Dheriyyo du "Somaliland" leur donnent le nom de *Bilaliso* ("ceux qui font le feu") et les Yibro de Hobyo celui de *Aabir* (avec *bir*, "fer"). Le nom des Tumaallo a également été rapproché de celui de Tübal-Caïn, fils de Lâmek et de Zillah, frère de Nâ-amah, dont la Genèse (4, 22) fait l'ancêtre de tous les forgerons en cuivre et en fer. Selon Kirk, "ils sont purs à tout point de vue et bons musulmans, et on m'a dit qu'en pays Mijjertein, un Tomal se dit souvent Mijjertein et se marient dans cette tribu (...) Ils ne sont pas rejetés, mais tout simplement ignorés des Somali"[5]. Cette observation repose semble-t-il sur une tradition très répandue chez les Daarood Majeerteen, selon laquelle l'ancêtre de leur actuel *boqor* ou roi,

'Ismaan Maxamuud Yuusuf, avait déclaré que les *sab* étaient des Somali comme les autres, et que les discriminations qui pesaient sur leur statut n'avaient pas lieu d'être dans les territoires sur lesquels s'exerçait sa juridiction.

Les Tumaallo sont établis à Kismaayo, Gaalka'yo, Mogadiscio, Bardheere, Boosaaso, Bur'o, Baydhowa, Hargeysa et Berbera; on les trouve également à Djibouti, à Harar et à Dire Dawa. Ils fabriquent les outils agricoles en fer, les éperons, les armes (poignards, épées, pointes de lances ou de flèches) et les lames de rasoir, ainsi que les bijoux traditionnels et les amulettes. Beaucoup d'entre eux sont aujourd'hui devenus ferblantiers, plombiers, mécaniciens ou garagistes. Dans de nombreux clans, le nom des forgerons, qui passent comme sur les hauts plateaux abyssins pour être investis de pouvoirs occultes et avoir le mauvais oeil, est assimilé à celui de la hyène ou *waraabe*, animal à la fois impur et redouté : ainsi les **Waraabay** des Raxanweyn de l'entre-deux-fleuve, les **Waraabayyo** des Darood Dhulbahante du "Somaliland" auto-proclamé et les **Waraabeyyu** des "pré-Hawiyye" Garre de 'Eel Waaq, sur la frontière somalo-kényane. Les chaudronniers et forgerons **Muusa Dheriyyo** (*dheri*, pl. *dheriyyo*, "marmite") sont établis à la fois chez les Raxanweyn de l'entre-deux-fleuves et chez les Isaaq Habar Awal du "Somaliland" auto-proclamé, à Bur'o, Berbera et Hargeysa. Cités par Kirk[6] comme "l'un des principaux groupes Midgaan", ils prétendent être de plus haute condition que les Madhibaan. Les Muusa Dheriyyo des Isaaq appellent les autres Somali *Reer Moyyi*, ce qui est peut-être une déformation *de Reer Miyyi*, "Gens de la Brousse", par opposition aux Tumaallo qui vivent essentiellement dans les villes; les Muusa Dheriyyo des Raxanweyn donnent aux Somali le nom de *Maliix*, un terme d'étymologie obscure. Dans le Trans-Jubba, on trouve les les **Ga'ansibir** (avec *ga'an*, "main", et *bir*, "fer") qui vivent parmi les Daarood Mareexaan et les **Reer Baxaar** qui vivent parmi les Daarood Ogaadeen du sous-clan des Maxamed Subeer; on dit de ceux-ci qu'ils sont originaires des côtes de la Perse (cf. *baxaari*, "marin") et qu'ils auraient été contraints de se réfugier chez les Ogaadeen à la suite de démêlés avec les pêcheurs

Jaaji parmi lesquels ils s'étaient tout d'abord établis. Les **Qalmashuba, Qalnoshowe** ou **Qalin Shubato** sont inféodés aux Hawiyye; à Mogadiscio, ils exercent la profession d'orfèvre et sont rattachés à la confédération des Dhoorweyne, dont on trouve les clans dans la vieille ville de Xamar Weyne. Les **Geymale** et les **Anjallaaye** sont également dispersés parmi les clans de la confédération des Hawiyye.

Parmi les autres groupes qu'on peut assimiler aux Midgo, il convient de réserver une mention particulière à deux communautés: les Xabesho et les Eeyle. Les premiers, également appelés Xabshaan, Xabuush et Xabesho 'ad ("Xabesho blancs"), viennent comme le suggère leur nom d'Abyssinie, et sont probablement les descendants d'esclaves oromo razziés par les sultanats qui s'étaient établis sur les franges orientales de l'Empire chrétien d'Abyssinie. Réputés pour la blancheur de leur peau, les Xabesho, dont certains éléments étaient jadis établis parmi les Baada'adde, ont aujourd'hui cessé d'exister en tant que communauté; on trouve quelques-uns de leurs descendants dispersés sur les côtes de la péninsule, notamment le long du Golfe d'Aden. Quant aux chasseurs Eeyle, dont on trouve des campements autour de Buur Heybe, en Mésopotamie somalienne, ils comprennent plusieurs lignages : les Halawo sont des "clients" des Baada'adde et des Gaalje'el 'Aloofi, et les Jambaye sont inféodés aux Baada'adde et aux Gaalje'el Abtisama. A l'instar des Ribi, les Eeyle pourraient être issus du peuple bantou des Zenj, qui occupait la Corne orientale de l'Afrique avant l'arrivée des Oromo et des Somali. La présence au sein du clan d'un nombre particulièrement élevé d'individus dont les traits évoquent de manière frappante les Bochimans du Kalahari (peau jaunâtre, cheveux en grain de poivre, oreilles dépourvues de lobule, stature petite et faible corpulence) pourrait même donner quelque crédit aux thèses qui font des Eeyle les résidus de populations de types bochimanoïde établies dans la région avant même l'arrivée des Bantous.

---

[1] J.W.C. Kirk, op. cit. (1904), p. 93.

[2]Gabriel Ferrand, *Les Comalis*, (Paris, 1903), p. 183.
[3]Richard F. Burton, *First Footsteps in East Africa* (Londres, 1854), vol. I, p. 24.
[4]L. Robecchi-Brichetti, *Somalia e Benadir* (Milan, 1902), p. 215.
[5]J.W.C. Kirk, op. cit. (1904), p. 93.
[6]J.W.C. Kirk, op. cit. (1904), p. 97.

Genèses légendaires

L'apparition des groupes castés est entourée de nombreux récits dont il est possible de dégager quelques constantes qui éclairent l'origine de certaines de ces communautés.

Certains de ces récits, dont il convient d'observer qu'ils ont été diffusés par des auteurs occidentaux et dont beaucoup semblent aujourd'hui ignorés des Somali, apparaissent exclusivement destinés à justifier le statut discriminatoire des *sab/bon* par une origine singulière ou insolite qui les distinguerait de tous les autres Somali. C'est ainsi que, selon un informateur cité par Kirk, les Midgo descendraient d'un certain Abu Jahhal, un Chrétien que combattit le Prophète Mahomet[1]. Pour Gabriel Ferrand, qui cite une légende selon laquelle les Isaaq seraient les descendants d'esclaves qu'un roi du Choa envoya au sultan de Constinople, et qui furent engrossées à leur insu par un *djinn*, les parias seraient issus des servantes qui accompagnaient la caravane, et qui furent également fécondées par l'esprit du mal[2]. Enfin, si l'on en croit un récit rapporté par Wickham[3], les Waraabeyyu des Garre de 'Eel Waaq disent descendre de Waraabeyyu 'Abdi, un enfant somali dhulbahante qui avait été abandonné dans la brousse et élevé par des hyènes, et qui fut retrouvé un jour et recueilli par un Dhulbahante.

Un grand nombre de récits traditionnels fait cependant des *sab/bon* les descendants d'un individu (ou d'un groupe) qui aurait commis une grave faute et se serait vu pour cette raison exclure du reste de la communauté. Dans certains cas, il peut s'agir du simple usage d'armes considérées par les Somali comme indignes d'un homme de haute naissance. Les Xawaadle racontent ainsi que l'ancêtre des Garyaale n'était autre que le frère jumeau de l'ancêtre des Reer Ugaas, Aadan Warsame. Les deux frères partirent un jour dans la brousse. Le père partit à leur recherche, et finit par les retrouver : l'un portait des flèches et un carquois, l'autre tenait d'une main une lance et de l'autre un bouclier blanc. Le père dit alors au premier : "Tu seras *bon*". Celui-ci se mit aussitôt à marcher de manière inélégante et puérile, sautillant comme s'il avait peur des serpents. Il convient de préciser ici qu'un Somali ne devient pas forcément un Midgaan en raison des activités manuelles auxquelle il peut être contraint de se livrer. C'est ainsi que l'ancêtre des Isaaq Habar Awal Sa'ad Muuse fut obligé de couper du bois pour vivre; on l'avait appelé pour cette raison Garaa'ato (de *garaa'ayya*, "frapper", "faire le bûcheron"), mais ses descendants ne devinrent pas pour autant des Midgo.

Dans d'autres récits, la déchéance de l'ancêtre du groupe *sab/bon* sanctionne la violation d'un interdit alimentaire. Selon une légende très répandue, recueillie chez les Xawaadle par E. Cerulli[4], l'ancêtre des Ukkuray, Beydaane (ou Bayadoone-Bayaloone), était le frère jumeau de 'Umar, fils de Saruur ou Saruure. Un jour, les deux frères s'éloignèrent dans la brousse et se perdirent. Après plusieurs jours sans manger, ils trouvèrent une chamelle morte. Ils se rendirent alors auprès d'un ancien et lui dirent : "Nous avons faim, mais nous n'avons trouvé qu'une chamelle morte. Que devons-nous faire?" Le vieil homme leur dit alors : "N'en mangez que pour recouvrer vos forces, mais ne vous rassasiez point de cette viande!" Les deux frères découpèrent la bosse de la chamelle, où se trouvait la graisse. Beydaane Saruure s'en rassasia en découpa des morceaux qu'il enfila sur un bâton; l'autre n'en mangea qu'un peu. Lorsqu'ils rentrèrent chez leur père Saruure, celui-ci leur dit : "Quelle est cette viande?" Beydaane lui répondit : "Cette viande vient d'une chamelle morte". "Est-elle morte en état d'impureté ou a-t-elle été abattue selon le rite?" "Elle est morte en état d'impureté", répondit l'autre. "Dans ce cas, poursuivit le père, pourquoi l'as-tu prise?" "Je l'ai prise", répondit simplement Beydaane. Le père se tourna vers 'Umar et lui demanda : "Toi, en as-tu mangé?" "Oui, répondit 'Umar, car un ancien m'a dit de n'en manger qu'un peu, et de ne pas m'en rassasier. C'est ce que j'ai fait". Le père dit alors : "Celui qui se nomme Beydaane est un *bon*, sachez-le; que nul n'épouse ses filles!"

Cette légende est également connue, sous des formes différentes, des clans du nord de la péninsule. Un Midgaan de Bur'o, dans le territoire des Somali Isaaq, fit à Kirk[5] un récit selon lequel l'ancêtre de tous les Midgo était un certain Gowèdi (Goweedi), fils cadet de Sheekh Isaaq. Ses frères lui volèrent un jour des chameaux qui lui appartenaient. Goweedi se lança aussitôt aux trousses des voleurs, mais ne put trouver qu'un animal mort, dont il mangea la viande. Apprenant cela, ses frères le chassèrent de la famille et résolurent ne plus rien avoir à faire avec lui. Plus tard cependant, ils le chargèrent de puiser l'eau et de couper le bois pour leur compte, mais lui donnèrent si peu à manger qu'il décida de s'enfuir dans la brousse, où lui-même et ses descendants se mirent à vivre de la chasse. Dans un développement qui présente un certain nombre de contradictions avec ce récit, le même conteur indiqua que "Gowèdi était un homme, ou un demi-dieu, dont le corps était entièrement recouvert de fer, à l'exception des yeux, des pouces et des gros orteils. Il était si grand qu'il pouvait tuer quatre cents hommes en une seule fois, manger un chameau entier et boire six *haamo* (pots d'une contenance de 27 litres) de lait. Il fut le premier a enseigner aux Midgans l'art de faire du feu avec du bois, et fut finalement tué par une flèche qu'un Ogaden lui décocha dans l'oeil et enterré à la frontière entre le territoire des Mijjertein et celui des Warsangéli".

Le thème de la transgression de l'interdit alimentaire se retrouve enfin dans le bref récit qui décrit la faute commise par Maxamed, le père de 'Aseeye, dont les descendants vivent parmi les Daarood de l'Ogaadeen; il fit un jour cuire un chien pour le manger et, surpris par ses frères alors qu'il se nourrissait de cette viande impure, devint un Midgaan.

La faute qui entraîne la déchéance de l'ancêtre *sab/bon* peut être enfin un crime contre l'islam ou un refus des règles très strictes qui président à la solidarité entre membres d'un même clan. Ainsi, l'ancêtre des Hawraarsame assassina un saint homme du nom de Maxamed Daa'uud, dont se réclament aujourd'hui plusieurs lignages du clan des Mareexaan; à la suite de cet acte abominable, la famille de Hawraarsame fut dépouillée de tous ses biens et devint *bon*. Par ailleurs, alors que se préparait une razzia contre les Galla "Warallay" (qui sont aujourd'hui établis au Kenya sous le nom de Warday ou Orma), les guerriers du clan des Gaalje'el dirent : "Que celui qui refuse de venir avec nous devienne un *bon*". Lors de l'expédition, les ancêtres des Barbarow s'éclipsèrent; c'est ainsi qu'en punition de leur lâcheté, ils devinrent des *bon*.

Il convient de noter que la plupart des récits qui, dans les traditions orales des *sab/bon*, décrivent la manière dont leurs ancêtres devinrent des Midgo, font cependant de ceux-ci des Somali de haute naissance. A la suite d'une migration, ceux-ci furent accueillis par des groupes qui, ignorant tout de la généalogie des nouveaux arrivants, les exclurent de leurs lignages[6]. C'est ainsi que, lorsque les ancêtres des Kuulbeer, qui se disent issus des Hawiyye Duduble, arrivèrent chez les Daarood Majeerteen qui ne les connaissaient pas, ils devinrent des Midgo. Arab Saalax, venu d'Arabie avec son frère Yexye Saalax, eut plus de chance; quant il débarqua chez les Majeerteen, ceux-ci l'accueillirent en effet et lui donnèrent une de leurs femmes pour épouse. Son frère Yexye Saalax chercha refuge quant à lui parmi les Xawaadle qui, ignorant tout de ses origines et de ses ancêtres, le rejetèrent; il devint un Midgaan et donna naissance aux Yaxar. Les tanneurs Gaagaab se disent quant à eux issus de 'Ayr, qui est l'ancêtre de l'un des principaux lignages du clan hawiyye des Habar Gidir, mais prétendent que, lorsqu'ils arrivèrent en Ogaadeen, où nul ne les connaissait, ils se retrouvèrent marginalisés et devinrent des Midgo.

Si l'on en croit un récit rapporté par Abdi Mohamed Abdi[7], les Madhibaan seraient issus de Maxaad Saleebaan, un Daarood Ogaadeen du clan des Bah Geri, et de sa seconde épouse Raxmo Shirshoore, une Habarwax venue se réfugier chez les Bah Geri avec d'autres membres de son clan à la suite d'une guerre avec les Dhulbahante Yaxya 'Abdalla. Maxaad Saleebaan et Raxmo eurent deux fils, Kuul et Sa'ad; Raxmo était enceinte du troisième, lorsque Maxaad Saleebhaan mourut. La première épouse refusant le partage, Raxmo décida de partir avec ses deux fils et se réfugia dans le clan de Sheekh Madhibaan; c'est alors qu'elle accoucha de son troisième fils, Geeddi. Kuul eut à son tour deux enfants, 'Abdalla et Si'iid. 'Abdalla retourna chez les Ogaadeen Bah Geri, mais Geeddi, Sa'ad, Kuul et Si'iid décidèrent de rester chez les Madhibaan; comme ceux-ci ne savaient rien de leur famille, ils devinrent des Midgo. S'agissant des chasseurs-tanneurs Wiyyeer, les 'Iisa disent d'eux qu'ils descendent des gens d'origine inconnue que leurs ancêtres rencontrèrent dans la brousse.

Un enfant peut enfin, s'il n'est pas reconnu par son père, devenir un Midgaan. C'est ainsi dit-on, que Makahiil Ogaadeen épousa une femme midgaan d'une grande beauté; elle enfanta Ga'anweyne, qui fut reconnu par son père, lequel finit cependant par divorcer. La femme épousa ensuite Maxamed Subeer Ogaadeen, et enfanta 'Ali Wanaag, qui fut également reconnu par son père, lequel divorça cependant à son tour. La femme épousa en troisièmes noces Talamoge Ogaadeen, et enfanta Gol'ade; mais celui-ci ne fut pas reconnu par son père, et ses descendants devinrent des Midgo.

---

[1] J.W.C. Kirk, op. cit. (1904), p. 102.

[2] G. Ferrand, op. cit., p. 182.

[3] Wickham, *Tomal of Gurreh District*, cité par I. M. Lewis, *Peoples of the horn of Africa* (Londres, 1955), p. 54.

[4] E. Cerulli, *Somalia*, II, 287 et 290-91.

[5] J.W.C. Kirk, op. cit. (1904), p. 103.

[6] Chez les clans sédentaires de l'entre-deux-fleuves, où la notion de village et de territoire prévaut sur celle du lignage, la procédure de l'"adoption" permet d'intégrer les nouveaux arrivants; cette procédure n'est pas prévue par le droit coutumier des clans nomades issus de Samaale.

[7] Abdi Mohamed Abdi, *La Somalie aux hautes périodes (de l'antiquité à l'avènement de l'islam)*, thèse pour l'obtention du Doctorat, Université de Franche-Comté, juin 1990, vol. II, p. 409-410, extrait d'une note parue à Mogadiscio sous le titre *Historical Facts of Sacad, Kuul and Geedi* .

L'origine des castes

L'origine des castes dans la Corne de l'Afrique a fait l'objet de nombreuses études, dont les conclusions souvent contradictoires se résument pour l'essentiel à deux thèses. Pour certains auteurs, les castes seraient en effet issues de populations autochtones de chasseurs-collecteurs qui, après l'arrivée sur leurs territoires d'envahisseurs plus puissants, furent progressivement marginalisées ou refoulées dans des zones isolées. Selon d'autres théories, les castes résulteraient d'un processus de spécialisation qui, sous l'effet de contraintes de nature économique, aurait conduit certains éléments de la population à se consacrer à des activités déconsidérées mais répondant, à un moment donné, à de réels besoins.

Il n'y a aucune raison de considérer que la vérité réside dans l'une ou l'autre de ces thèses. Bien que les dernières études anthropologiques réalisées sur les populations de la Corne de l'Afrique remontent à plus d'un demi-siècle, il est possible de constater que les membres de certains groupes castés, comme les *Fuga* des Guragé et les *Manjo* des Käffa, présentent un aspect physique suffisamment différent de celui de leurs "patrons" pour qu'on puisse raisonnablement considérer ces groupes comme issus d'un peuplement plus ancien. Dans d'autres cas en revanche, des indices tout aussi concluants amènent à privilégier la thèse de la spécialisation ou mettent en lumière les éléments de nature historique, sociale ou religieuse qui ont pu nourrir un processus de marginalisation. Enfin, les deux phénomènes ont très bien pu coexister et aboutir à la marginalisation -elle-même cause ou conséquence d'une spécialisation économique- d'une communauté dont l'arrivée dans une région donnée aurait précédé celle du peuple auquel elle aurait été inféodée.

Le cas des *sab/bon* établis parmi les Somali apparaît suffisamment complexe pour que soient sollicitées toutes ces hypothèses. Ici comme ailleurs, le problème des origines a reçu des explications contradictoires. Kirk observait ainsi au début du siècle que "la plupart des gens estiment que les Midgan sont les descendants directs de quelques Galla disséminés qui sont restés dans le pays lorsque leur race a été repoussée vers l'intérieur des terres par les envahisseurs somali"[1]. Pour E. Cerulli, les *sab/bon* seraient les descendants de populations qui habitaient le pays avant l'arrivée des Couchites[2]. A l'appui de cette affirmation, l'ethnologue italien remarque que les *sab/bon* emploient des arcs et des flèches, armes traditionnelles des populations pré-couchites, et que le droit coutumier leur interdit de porter la lance, arme couchite par excellence. Par ailleurs, les *sab/bon* ne peuvent posséder des chevaux qui, comme en témoignerait leur nom dérivé du sémitique (*faras*), auraient été introduits tardivement; ceci vaudrait également pour les boeufs qui, dans un certain nombre de langues couchitiques (mais pas en somali), seraient désignés par des mots dérivés du sémitique. Les *sab/bon* ont en revanche le droit d'élever des moutons, qui ont généralement une très grande importance dans l'économie des peuples pré-couchites. Enfin, les argots des *sab/bon* comporteraient des mots qui n'ont pas de racine couchitique connue, et qui seraient donc pré-couchitiques. De ces observations parfois contestables, ou qui méritent d'être quelque peu nuancées, E. Cerulli conclut que les *sab/bon* seraient des résidus de populations pré-couchites, très dispersées dans le nord de la péninsule, où les Couchites ont pénétré massivement, plus compactes dans le sud, où l'arrivée des Couchites a été plus tardive.

A l'appui de la thèse qui fait des *sab/bon* les descendants de populations pré-couchites, on peut noter que certains groupes *sab/bon* donnent aux Somali des noms qui semblent effectivement attester d'une origine différente. C'est ainsi que les Midgo du sud du pays et les Reer 'Iise du fleuve Shabeelle appellent les Somali *Gabar*; le terme, qui signifie "serfs"[3], fut appliqué par les Oromo aux premiers Somali qui, venus du nord, vinrent s'établir parmi eux et devinrent en un premier temps leur vassaux, avant d'être renforcés par l'arrivée de nouveaux immigrants. Les chasseurs Ribi du Trans-Jubba appelaient les autres Somali *Beriberi*, du nom des populations "barbares" qui donnèrent leur nom au port de Berbera[4]. Les Midgo du nord de la péninsule désignent enfin les Somali par le terme de *Aji*, qui est le nom de l'ancêtre mythique de trois des grandes confédérations claniques du peuple somali (les Dir, les Isaaq et les Daarood) et qui est aussi, il convient de le signaler, le nom donné aux Somali par les chasseurs Boni du Kenya.

Les différentes communautés que les Somali désignent par les termes de *sab* ou de *bon* ont cependant des origines très variées. Certaines d'entre elles sont incontestablement issues de populations établies dans la Corne orientale de l'Afrique avant l'arrivée des Somali. C'est le cas, comme ont l'a vu, des chasseurs Eeyle de l'entre-deux-fleuves; c'est également le cas des chasseurs Ribi des Hawiyye Ajuuraan, qui sont très certainement les descendants des *Mribi*, l'une des douze tribus du peuple bantou des Zenj qui, jusqu'au quinzième siècle, occupait encore de vastes régions au sud de Mogadiscio et dont les Seddax Geeddi de la capitale somalienne sont peut-être également les surgeons; c'est enfin le cas, pour peu qu'on veuille les considérer comme des *bon* et non pas comme une tribu à part entière, des Boni du Kenya, vestiges de la grande migration qui permit aux "proto-Somali" venus des hautes vallées du Juba et du Shabeelle d'envahir de vastes régions de la péninsule. S'il n'est pas certain que les forgerons Ga'ansibir et les autres *bon* du du Trans-Jubba soient d'origine oromo, les nombreux termes d'origine oromo qu'ils emploient dans leur langue secrète atteste de contacts prolongés avec les Oromo Warday qui opposèrent jusqu'au début du siècle une résistance farouche à l'expansion vers le sud des clans somali de la confédération des Daarood.

La plupart des *sab/bon* ne sont cependant autres que des Somali qui, à la suite de certains évènements dont les légendes ont conservé le souvenir confus, furent progressivement mis à l'écart et contraints de se livrer à des occupations considérées comme dégradantes par les Somali "nobles". Dans certains cas, des communautés d'immigrants dont le droit coutumier, faute de mécanismes d'assimilation, a limité les droits, s'agissant notamment de la possession de gros bétail, ont été amenées à tirer leur subsistance de la chasse et de divers artisanats; dans d'autres cas, des communautés qui, sous la contrainte de circonstances économiques particulières (épizooties, sécheresses, excédents de population au sein des clans d'éleveurs nomades), ont délibérément choisi de se livrer à ces activités, ont été progressivement marginalisées et dépossédées de leurs droits en raison de la présomption d'impureté qui pesait sur elles. C'est le cas des Garyaale et des Ukkuray des Xawaadle, des Hawraarsame, des Gaagaab, des Madhibaan et de bien d'autres.

Une étude anthropologique des *sab/bon* viendrait sans doute renforcer les arguments de ceux qui préfèrent à la théorie des "pré-Couchites" celle de la "spécialisation". Comme l'ont noté de nombreux auteurs et comme j'ai pu le constater moi-même à l'occasion de mes contacts avec des représentants de communautés *sab/bon*, ceux-ci ne se distinguent pas fondamentalement des autres Somali. On trouve en effet chez eux, dans des proportions apparemment identiques, tous les types physiques représentés chez les Somali "nobles". Il est communément admis d'ailleurs en Somalie que les femmes des Midgo, qui ne font point rarement commerce de leurs charmes, sont parfois très claires de peau et d'une beauté remarquable. Certes, R. Burton écrivait en 1854 que "le Midgan est foncé de peau et quelque peu rabougri"[5]. J. W. C. Kirk estimait de son côté qu'"il n'y a pas de différence frappante entre Sab et Gob, bien que, en règle générale, les Midgans sont mieux bâtis et bien découplés, mais plus petits de taille et de traits plus grossiers"[6]. L. Robecchi-Brichetti signalait lui aussi que les Tumal, les Midgaan et les Yibro "ressemblent aux autres Somali, mais sont plus petits"[7], point confirmé par Swayne, lequel observait qu'"il n'y a pas de différences entre eux (les Midgan) et les autres Somalis, à l'exception d'une stature légèrement plus basse"[8]. Seule une étude anthropologique permettrait de faire justice de ces affirmations qui, répétons-le, ne paraissent pas reposer sur des observations réellement sérieuses.

[1] J. W. C. Kirk, op. cit. (1904), p. 102-103.
[2]E. Cerulli, *Somalia*, II, p. 25, égal. p. 95-99.
[3]Issu du guèze *gabära*, "travailler pour un maître, payer un tribut", le terme *Gabar* est donné par les Oromo à leurs vassaux (cf. les Gabbra du nord kényan), mais également aux Somali par certains peuples du sud de la péninsule, comme les serfs du Shabeelle et les Boni de Somalie.
[4]V. infra, p. 102 (note 3).
[5]R. Burton, op. cit., vol. I, p. 24.
[6]J. W. C. Kirk, op. cit. (1904), p. 92.
[7]L. Robecchi-Brichetti, op. cit., p. 216.
[8]H. G. C. Swayne, *Seventeen Trips through Somaliland and a Visit to Abyssinia* (Londres, 1903), p. 4.

BOUFFONS OU SORCIERS ?

Umul dahatay oo meel daya'an daba fariistooyin
Deeray mandheeraha dubtan kama dareerooyin
Vous recherchez toujours l'accouchée épuisée et sans ressources
Et ne la laissez en paix qu'après l'avoir dépouillée

Les trouble-fête

Lorsque naît un garçon dans une famille somali, un personnage qui n'a pas été convié aux réjouissances se présente, mystérieusement averti de l'heureux évènement. Il tient d'une main un chasse-mouche et de l'autre un bâton d'une longueur d'environ un mètre posé en équilibre à la verticale sur la paume de sa main ouverte. Après avoir fait passer le bâton d'un doigt à l'autre, depuis l'auriculaire jusqu'au pouce, il le fait progressivement monter, toujours en équilibre à la verticale, de la main jusqu'à l'épaule; puis il le fait redescendre et repasser en sens inverse sur chacun de ses doigts. Pendant cette opération, il marmonne dans une langue étrange des paroles comme : "*ku burudi! ku burudi!*". Parfois, au lieu de manipuler un bâton, l'homme se livre à d'autres jongleries : tenant à la main une calebasse remplie d'eau et percée d'un trou, il parvient à volonté, toujours en marmonnant ses incantations, à interrompre l'écoulement de l'eau contenue dans la calebasse; il lance autour de lui des cendres mélangées à du sable et, après que les grains de sable, plus lourds que les cendres, sont retombés au sol, se retrouve dissimulé par un nuage opaque; il joue avec des graînes, qu'il lance des deux mains les unes après les autres et qu'il rattrappe avant qu'elles ne touchent le sol. Pressé de voir déguerpir cet hôte indésirable, dont la seule présence menace de souiller la maison, le maître de céans s'empresse de lui remettre un cadeau traditionnellement appelé *samanyo*, que les Daarood Majeerteen appellent *sabanyo* et les Daarood Mareexaan *hunguri* ou *karaama*[1]: un camelon femelle, un mouton de deux ans ou une chèvre s'il est riche, une pièce de cotonnade, un peu d'argent (au début du siècle, la coutume de Berbera voulait qu'on donnât un thaler d'argent), une peau de mouton, une outre remplie de lait, du beurre clarifié (*subag*) ou quelque nourriture s'il est pauvre.

En échange du *samanyo*, l'homme bénit le nouveau-né en prononçant ces paroles :

Wiilka Xanfalay iyyo Xeylo dubato
Alla ha ka qaado
Jinni madow, jaan madow
Qumanyo madow, sixir madow
Alla ha ka qaado

"Qu'Allah épargne ton fils
de Xanfalay et de Xeylo[2]
du djinn noir, de la terre noire[3]
du mauvais oeil noir[4], de la magie noire"

Puis il remet à l'enfant une petite amulette de cuir d'antilope qu'il noue autour de son bras afin de le protéger des mauvais esprits. Contrairement aux autres amulettes, appelées en somali *xirsi*, un terme directement issu de l'arabe, l'objet porte un nom spécifique : le *makaraan* ou *kudumo*. Le contenu du *makaraan* varie en fonction des régions : selon certaines sources, il contient un ou trois petits morceaux de bois provenant de la racine d'une plante "magique" désignée par le terme générique de *'aws*[5] ou *'aws aldibo*, auxquels on attache parfois des osselets d'oiseaux; d'autres évoquent des versets du Coran; d'autres parlent de *xildiid* et de *xulbo*, qui sont des plantes (non identifiées) dont on fait des remèdes; d'autres encore affirment que la *makaraan* ne contient, en tout et pour tout, qu'une étoile de David gravée sur la face intérieure du cuir.

Lorsqu'il s'agit d'un mariage ou d'une autre festivité, l'homme se présente généralement accompagné d'un Midgaan, qui chante et danse au son d'une harpe (*shareero*). Les deux compères quémandent la tête, les entrailles ou les pattes de l'animal qu'on vient d'abattre, et qu'on leur abandonne d'autant plus volontiers qu'il s'agit de viandes impures, que les Somali s'abstiennent de consommer. Puis l'homme donne au jeune couple sa bénédiction[6] ou *du'o* en ces termes :

Arooski guuleed, oo aan gablamiin
Kii abshir leh

Kii 'urad leh
Kii 'aano leh oo
Barbaar iyyarta leh
Allaha ka yeelo o
Sadqayago no keena

"Que le mariage soit heureux et riche en fils
Qu'il vous apporte de bonnes nouvelles (la chance)
Qu'il vous apporte un premier-né
Qu'il vous apporte du lait (en abondance)
Qu'il vous appporte les réjouissances de la jeunesse (litt. des gens non mariés)
Qu'Allah accomplisse tout cela
Et qu'il nous donne (une part) de l'offrande".

S'il ne reçoit pas le *samanyo* ou les cadeaux qu'il sollicite, l'homme lance une terrible malédiction qui, affirme-t-on, rendra le couple stérile et qui fera mourir le nouveau-né en quelques jours. Si l'enfant survit, il deviendra infirme, simple d'esprit ou perdra la raison; toute sa vie, la malchance le poursuivra et les malheurs l'accableront. Si le père de l'enfant se dispute avec le visiteur ou l'insulte, le malheur s'abattra également sur lui. Les Somali croient profondément à la puissance de cette malédiction, qu'ils redoutent entre toutes; ils citent à l'appui de cette croyance maints exemples édifiants et il est bien rare, même s'ils affectent le plus profond mépris à l'égard de ces "superstitions", qu'ils prennent le risque de renvoyer le visiteur sans lui avoir fait un présent. Les mères dont le petit garçon n'a pas encore reçu le *makaraan* ont du reste l'habitude de recouvrir d'un vêtement le bras de l'enfant pour qu'on ne les soupçonne pas d'avoir refusé par avarice de se plier à cette coutume.

Les Somali tiennent en telle aversion ceux qui font ainsi profession de surgir leurs des occasions heureuses et de monnayer leur bénédiction qu'ils les désignent habituellement par une périphrase : *'aada qaate* ou, en dialecte 'iisa, *'aadul qaate*, "ceux dont les pratiques agacent". Leur véritable nom est cependant Yibro, au singulier Yibir.

---

[1]*Samanyo*, terme dont *sabanyo* constitue une variante dialectale, est probablement construit avec *san*, *sam-*, qui signifie en somali "bon, bien"; *hunguri* signifie "gueule, gorge", ainsi que "avidité, cupidité"; quant au terme *karaama*, il peut être rapproché de *karaamad*, qui signifie "faculté de faire des miracles".

[2]*Xanfalay* est un vent magique dont il sera question ultérieurement (v. infra, p. 53); *Xeylo* ou *Xaylo* désigne un génie qui, à l'instar du *shotälay* ou *Abba Shotäl* des Abyssins, "triture" le vagin et provoque des saignements continuels (cf. *xayl*, "menstrues").

[3]*Jaan* désigne, comme *'arro* et *degedh*, la terre salifère qu'on donne à manger aux chèvres; *jaan madow* est une terre noire, "maudite"; celui qui la foule risque, dit-on, de perdre la raison.

[4]*Qumay* et *'awri* désignent le mauvais oeil ou la personne qui a le mauvais oeil.

[5]*'Aws* qui, en somali, signifie "herbe", désigne en argot yibir n'importe quelle plante, y compris semble-t-il lorsqu'il s'agit d'un arbre. Le *'Awsuug* est un arbre imaginaire qui porte bonheur.

[6]L. Robecchi-Brichetti obervait au début du siècle (op. cit., p. 216-218), que l'homme donnait également à la jeune épouse une amulette, que celle-ci conservait pendant un an avant de la jeter.

Une vie en marge

Chez les *sab/bon*, on reconnaît très souvent aux Yibro une sorte de primauté, essentiellement due aux pouvoirs occultes dont ils se prévalent et à une observation généralement plus stricte des interdits alimentaires imposés par le droit coutumier. C'est ainsi que le *qaadi* (juge) auquel les *sab* soumettent leurs litiges et devant lequel ils se marient est généralement un Yibir, et que Xuseen Axmed Xasan, l'actuel *suldaan* des *sab* de Djibouti, est également issu de cette communauté.

Dans la hiérarchie somali en revanche, le Yibir se trouve tout au bas de l'échelle sociale. Contrairement aux esclaves, qui travaillent la terre et représentent pour le maître une réelle valeur, aux Midgo, qui fabriquent des objets en cuir et servent d'éclaireurs aux guerriers lors des razzias, et aux Tumaallo, qui confectionnent les armes, les bijoux et les amulettes, les Yibro ne rendent en effet, dans l'exercice des talents qui les distinguent des autres *sab/bon*, aucun service qui soit sollicité. Le secret dont ils entourent leur existence et leurs activités, la crainte qu'inspirent leurs malédictions, le mauvais oeil qu'ils porteraient sur les êtres et les biens qui les entourent, en font des parias dans tous les sens du terme : leur seule présence est considérée comme néfaste et l'état d'impureté (*nijaasi*) permanente dans lequel ils vivent est tel qu'il peut, croit-on, aisément contaminer tous ceux qui les approchent.

Ces préventions sont, est-il besoin de le préciser, dûment ancrées dans le droit coutumier. Alors que, traditionnellement, le prix du sang est de cent chameaux pour le meurtre d'un homme de condition noble et de cinquante chameaux pour le meurtre d'un Midgaan ou d'un Tumaal, il n'est en effet, comme on l'a vu précédemment, que de vingt-cinq chameaux pour le meurtre d'un Yibir; Sa'iid Axmed, un informateur issu du clan isaaq des Habar Awwal, avait même indiqué à E. Cerulli en 1919 qu'il n'y avait pas de prix du sang pour le meurtre d'un Yibir[1].

Il serait étonnant que la communauté yibir compte aujourd'hui plus de 1500 personnes. 300 d'entre eux vivraient à Djibouti; un grand nombre de Yibro sont par ailleurs établis à Boosaaso, Qardho, Kandala et Gaalka'yo, parmi les Daarood Majeerteen avec lesquels ils entretiennent traditionnellement des relations relativement détendues. On trouve également des Yibro, en assez petit nombre, dans des villes telles que Mogadiscio, Hargeysa, Jigjiga, Merka, Hobyo et Godhey; ils évitent généralement les territoires occupés par les Hawiyye et par les clans sédentaires de l'entre-deux-fleuves qui, à les en croire, les traitent particulièrement mal. Trop peu nombreux et trop dispersés pour constituer une communauté autonome, ils sont étroitement alliés, partout où on les trouve, aux autres communautés de parias, chasseurs-corroyeurs ou forgerons.

Les Yibro sont divisés en plusieurs petits groupes : les Reer Beeli et les Reer Duur[2] vivent ainsi parmi les Daarood Ogaadeen, les Reer Geeddi Dheeri parmi les Daarood Majeerteen et parmi les Isaaq, les Yibir Gaduud parmi les Daarood Warsangeli. Chez les Isaaq Habar Garxajis, on trouve les Reer Malekhaal. Quant aux Galab, qui sont établis parmi les Gadabuursi et les Daarood Dhulbahante, ils se disent issus d'une femme qui était belle comme le soleil couchant (*galab*). Un jour, dit la légende, cette femme se perdit dans la brousse; un Dhulbahante la trouva, s'éprit d'elle et lui demanda à quel clan elle appartenait : "Je suis une Majeerteen", répondit-elle. A cet instant, le frère de la jeune fille arriva de la chasse avec ses chiens; le Dhulbahante comprit alors qu'elle n'était qu'une Midgaan. Il l'épousa malgré tout, mais leurs enfants devinrent des Yibro. Parfois considérés comme des Yibro, les Yaxar de Buulo Burte et des côtes de l'Océan Indien ne font pas réellement partie de cette communauté; ils sont cependant réputés pour leurs pouvoirs occultes et leurs talents de magiciens, et châtient les travers des nobles Somali, non pas en lançant des malédictions, mais en composant de redoutables poèmes satiriques qui anéantissent à jamais la bonne réputation de leur victime.

Le fils d'un Yibir est Yibir conformément aux règles du lignage agnatique qui prévalent au sein de la société somali; les enfants mâles d'une femme yibir sont parfois aussi considérés comme des Yibro. Une croyance encore assez répandue de nos jours veut qu'un homme qui épouse une femme yibir ne vive guère vieux. J'ignore si cette croyance contraint au célibat beaucoup de filles de Yibro; toujours est-il que la plupart des Yibro que j'ai eu l'occasion de rencontrer avaient des mères et des épouses issues d'autres communautés, notamment midgo. Ce sont du reste les Midgo, plus proches que les Yibro de leurs patrons somali, auxquels ils fournissent des services quotidiens, qui informent les Yibro de l'imminence d'une naissance ou d'un mariage.

La vie du Yibir est rythmée par des évènements qui, de sa naissance à sa mort, le distinguent fondamentalement des autres Somali et souvent même de ses cousins midgo et tumaallo. Ainsi, lorsque naît un Yibir, la coutume veut que les hommes appartenant à la même communauté se rassemblent devant la porte de la maison où l'entrée de la hutte afin de prier; sans cette prière communauté, l'enfant serait en effet exposé lui-même au mauvais oeil et risquerait de mourir en bas âge. Nul autre Yibir ne se présente pour réclamer le *samanyo*, que les Yibro, qui s'appellent eux-même *Annaas*, désignent dans leur argot par le terme d'*annaasniimo*[3]. Celui-ci n'est dû en effet que par les "vrais" Somali; même les Midgo et les Tumaallo, qui ne sont pourtant pas considérés comme des descendants de l'ancêtre des Yibro[4], mais auxquels ceux-ci sont alliés, sont dispensés de cette obligation. Les castes de parias sont par ailleurs, comme on le sait, loin de pratiquer avec la même rigueur que les autres Somali les mutilations sexuelles féminines, opérations généralement réalisées par une femme midgaan. Si tous les enfants mâles sont circoncis, les filles des Midgo et des Tumaallo étaient traditionnellement excisées, mais non infibulées[5]; chez les Yibro, jusqu'à récemment, elles n'étaient ni infibulées, ni même excisées. Dans la mesure où beaucoup de Somali sont convaincus que les mutilations sexuelles sont prescites par le Coran, ce dont les docteurs en religion se gardent bien de les dissuader, le laxisme dont font preuve les parias en la matière, associé par ailleurs à des pratiques religieuses très relâchées, les font passer aux yeux des autres Somali pour des demi-païens.

Les cérémonies qui entourent le mariage des Yibro diffèrent, semble-t-il, de celles qui sont pratiquées à cette occasion par les autres Somali. Les Yibro affirment que les jeunes gens -y compris les filles- sont totalement libres de leur choix, précisément peut-être parce que ce choix se trouve grandement limité par les interdits dont le droit coutumier frappe les unions entre *sab/bon* et *gob*. Le jeune homme se contente ainsi de présenter sa future épouse à ses parents, et la jeune fille en fait de même; les fiançailles sont scellées de la sorte, de la manière la plus simple qui soit et sans que quiconque puisse y trouver à redire. Le jour du mariage, tous les *sab/bon* de la région doivent être présents; il convient en effet de faire nombre, afin d'honorer comme il convient la noce, à laquelle les Somali "nobles" s'abstiennent de participer. En présence de toute l'assistance, les futurs époux se prennent par la main; le fiancé tire à trois reprises par le bras la fiancée, qui fait mine de résister; puis le couple rejoint son nouveau domicile, autour duquel on danse jusqu'à une heure avancée de la nuit.

Beaucoup de Yibro exercent, en dehors de leurs activités traditionnelles de sorciers et de guérisseurs, d'autres métiers; les auteurs du début du siècle observaient déjà que, bien que les Yibro préféraient éviter de travailler de leurs mains, au point que Drake-Brockman a pu dire d'eux qu'"en dehors d'extorquer l'argent des superstitieux Somali, ils ne font rien"[6], beaucoup d'entre eux se livraient, à l'instar des Midgo, au travail du cuir. Le Yibir de la petite ville de 'Aluula, en pays majeerteen, faisait en 1988, quoique aveugle, profession de boucher. Certains d'entre eux travaillent dans l'administration et ne veulent plus, pour des raisons que l'on comprend, entendre parler de leurs origines. Dans les régions fertiles du Hararge, certains Yibro entretiennent des papayers et élèvent quelques vaches, dont ils vendent le lait sur les marchés. Les femmes des Yibro se livrent traditionnellement, comme les autres femmes midgo, à l'artisanat; elles fabriquent des pots et des récipients, tressent des paniers et confectionnent des substances aromatiques comme le *'afasiiyo*[7].

Au physique, il semble qu'à l'instar des Midgo et pour autant qu'on puisse en juger à la vue des rares individus qui acceptent de se montrer, les Yibro ne se distinguent aucunement des autres Somali. Ceux-ci ne s'efforcent pas moins d'accréditer l'idée selon laquelle les Yibro, dont les moeurs sont à leurs yeux si différentes de celle des Somali "nobles", auraient tout naturellement des traits et un costume également distincts. La seule difficulté réside dans la nature de cette différence, à propos de laquelle les Somali sont, comme à l'accoutumée, loin de s'accorder : pour certains, les Yibro seraient petits, noirs de peau, malingres et laids; pour d'autres, ils seraient au contraire très grands et clairs de peau, et auraient souvent les "yeux bleus", caractéristique que les Somali attribuent communément aux clans dont l'origine passe pour être particulièrement ancienne ou lointaine. Les Somali et Oromo du Hararge, en Ethiopie, affirment que les Yibro, hommes et femmes, auraient pour habitude de s'enduire les cheveux de beurre et de ne jamais se laver; leur odeur expliquerait qu'on les tienne à l'écart. Mes informateurs yibro m'ont indiqué que les hommes de leur communauté, dont la vêture est aujourd'hui en tous points identique à celle de leurs voisins de même condition sociale, portaient jadis autour des reins une sorte de pagne de cuir, retenu par une ceinture; lorsqu'ils sortaient, ils se couvraient le bras gauche de bracelets d'argent et portaient des colliers de perles vertes, rouges et jaunes.

---

[1] V. supra, p. 22 et 23 (note 6).

[2] Les Reer Duur descendent d'un certain Duur, un Yibir qui vécut à Qardo en pays majeerteen et fut le *suldaan* des Sab de la région.

[3] *Annaas* est issu, comme on le verra plus loin (v. infra, p. 147), de l'arabe *anâs*, "l'homme, le genre humain"; *annaasnimo* signifie littéralement "fait d'être un Yibir, qualité, propriété du Yibir".

[4] V. infra, p. 79.

[5]V. supra, p. 31 (note 2).

[6]Ralph E. Drake-Brockman, *British Somaliland* (Londres, 1912), p. 217.

[7]Le *'afasiiyo* est confectionné avec des graînes de l'arbre *'afis*, des graines de l'arbre *'uud*, des morceaux râpés du bois de l'arbre *'ushaaq*, de la pierre dite *jaawa* (arabe *djâwi*), du "sable du Nil" (*turaabu Niil*) et du "sable Misk" (*turaabu Misk*), auquel on rajoute du parfum sans alcool, du sucre et des "griffes de requin", une sorte de coquillage semblable à un ongle.

Le sceau de l'infâmie

Dayre Yibrood waa haddi dumaro fooshadi
Dayre labaad waa haddi lo' dambariyyadi
Umul duhatay oo meel day'an daba faristoy
Jeeroy mandeeraha dubteen ka ma dareeroy
Wahay daba uu du'ayaan haddi lo' dambariyyadi

"Le (premier) plaisir des Yibro, c'est lorsque les femmes accouchent,
Leur deuxième plaisir, c'est lorsque la vache a son premier lait,
La femme est dans les douleurs de l'enfantement, et ils sont assis derrière, en ce lieu impur
Ils restent là, sans s'éloigner des estomacs rôtis,
Puis ils crient des bénédictions lorsque la vache a son premier lait"[1].

Les habitudes alimentaires des *sab/bon* maintiennent ceux-ci, nous l'avons vu, dans un état permanent d'impureté rituelle qui les place en marge de la société musulmane. Leurs pratiques religieuses relâchées sont aggravées, s'agissant des Yibro, par une réputation qui, aux yeux des Somali, fait d'eux d'authentiques représentants du paganisme. En effet, les Yibro passent pour avoir un livre qui ne serait pas le Coran; on les accuse par ailleurs de vénérer des génies comme Xanfalay et Awashoona, de pratiquer la magie et de disparaître à leur mort, enlevés par un vent magique qui les emporterait en enfer ou les plongerait dans une source. Beaucoup de Somali considèrent enfin les Yibro comme des lycanthropes qui, à la nuit tombée, se transformeraient en hyènes et rôderaient autour des villages et des campements pour enlever les enfants.

Yibrooha kitaab bäy lä yihin; kitaabkooda iyyo kitaabki oo muslim'a is ku hal ma ahaa ("Les Yibro ont un livre sacré; leur livre sacré et le livre sacré des musulmans ne sont pas les mêmes"), confiait à E. Cerulli un informateur issu du clan daarood des Mareexaan[2]. Ce fameux "livre des Yibro" reste pour moi un mystère. La plupart des Yibro que j'ai eu l'occasion de rencontrer avaient entendu parler de ce livre, mais pensaient qu'il avait été détruit. J'ai songé longtemps à ces "livres de recettes" dont les *däbtära* (clercs, lettrés) des hauts plateaux abyssins ne se séparent jamais et qui, activement recherchés et brûlés dans le passé par de nombreux souverains très chrétiens, contenaient des formules magiques et des listes de remèdes. Selon J. M. Flad, les devins de la tribu des Fälasha, les célèbres "Juifs d'Ethiopie" dont il sera question plus loin, possédaient également un livre appelé *Awdä Nägäst* ("le Cycle des Rois"), dont l'empereur Tewodoros avait interdit l'usage sous peine de mort[3]. Je n'ai jamais pu trouver en pays somali un de ces livres, ce qui n'est guère surprenant : les Yibro -dont beaucoup ne savent du reste ni lire ni écrire- se transmettent en effet leurs connaissances de bouche à oreille et, très soucieux d'en limiter la diffusion, ne songeraient sans doute guère, même s'ils en avaient la possibilité, à les consigner par écrit.

C'est en novembre 1997, dans la petite bourgade éthiopienne de Nazrét, à quelques kilomètres d'Addis Abeba, qu'il m'a été donné d'entr'apercevoir, lors d'une cérémonie organisée par des forgerons somali et à laquelle participaient trois Yibro, un parchemin qu'un des vieillards présents avait sorti d'un étui et déplié; le document, large d'une dizaine de centimètres et long d'une soixantaine, portait des inscriptions en alphabet arabe que je ne pus lire. L'un de mes informateurs yibir tenta, quelques jours après, d'en savoir davantage, mais le propriétaire du parchemin se refusa, semble-t-il, à lui montrer le texte sous prétexte que "les jeunes gens ne comprenaient rien à ces choses". S'agissait-il d'une simple reproduction de versets du Coran, ce qui paraît douteux si l'on en juge à l'attitude du possesseur, ou de la decription d'un rituel ou de formules magiques? Peut-être sera-t-il un jour possible d'étudier un de ces documents et de percer de la sorte une partie des ténèbres qui continuent d'entourer le "livre des Yibro".

Parmi les génies que vénéreraient les mages yibro, on cite le plus souvent, outre Xaylo précédemment mentionné[4], Awashoona et Xanfalay. Evoqué par de nombreux auteurs qui se sont apparemment contentés de reproduire une information tirée du vocabulaire yibro recueilli au début du siècle par Kirk, qui traduit le terme par "dieu"[5], Awashoona est un nom totalement inconnu de la plupart des Yibro que j'ai interrogés. Pour l'un de mes interlocuteurs, il pourrait s'agir de la science des astres, donc d'un synonyme du mot somali *faal*. Passé en langue somali, le terme Xanfalay, Xanfallay, Xanfalley ou Xanfello, mentionné par Kirk sous la forme Hanfili et traduit par "ancêtre féminin des Yibir, esprit", et par E. Cerulli sous la forme Hanfelli et traduit par "génie protecteur des Yibir"[6], est en revanche un terme bien connu en Somalie. Il est devenu synonyme de "diable", et on l'emploie communément dans des expressions comme : "*Xanfalay ku qaaday!*", "que le diable t'emporte!". Xanfalay, dont le nom pourrait être apparenté à celui de l'ancêtre mythique des Yibro, Maxamed Xaniif[7], ne serait autre qu'un vent surnaturel qui, assure-t-on, accompagnerait les Yibro tout au long de leur existence. Ainsi, lorsque le Yibir, instruit par son père ou un autre de ses aînés des secrets de son art, s'apprête à être initié, il se rend au mont Huntura, qui se trouve entre Boorama et Hargeysa, l'actuelle capitale du "Somaliland" auto-proclamé. S'il parvient à faire le tour de la montagne, c'est qu'il est digne de devenir un Yibir; si ce n'est pas le cas, affirment les Yibro, il disparaît en route, emporté à jamais par Xanfalay.

Dans son étude consacrée aux *sab*[8], Kirk rapporte que la tombe de Hanfili (Xanfalay), qui était selon les Yibro l'épouse de Maxamed Xaniif et disparut mystérieusement à sa mort, "transformée en vent noir ou en fumée", se trouve près de Harar, derrière quatre arbres sacrés dont l'écorce sert aux Yibro à confectionner leur *makaraan*. A une époque de l'année que Kirk n'a pu déterminer, les Yibro s'y rendaient généralement par groupes de douze et, après avoir procédé à des libations de graisse ou de beurre clarifié (en argot yibir *saygad* ou *seyad*) prélèvaient leur morceau d'écorce qu'ils mettaient dans une sacoche de cuir (*naani*). Sur le chemin du retour, peu après leur départ, un mystérieux tourbillon venu du tombeau de Hanfili les aveuglait en soulevant de la poussière et du sable; l'un des membres du groupe était emporté, et ne revenait plus jamais. Les survivants rassemblaient ses affaires et portaient sa sacoche à ses parents. Les Yibro qui, à l'instar de l'informateur de Kirk, n'avaient pas envie de risquer ainsi leur vie, avaient la possibilité d'acheter pour trois ou quatre thalers les morceaux de bois récoltés sur la tombe de Hanfili-Xanfalay.

Lorsqu'un Somali refuse de donner le *samanyo* au Yibir, celui-ci maudit l'enfant, comme nous l'avons vu, en demandant à Xanfalay de l'emporter. La croyance veut que, lorsqu'un Yibir meurt, c'est encore Xanfalay qui dérobe son corps à la vue des vivants, avant de le transporter à travers les airs et de le plonger dans une source sacrée; les Yibro sont incapables de situer cette source, mais prétendent qu'elle se trouverait dans la région de Harar. C'est ainsi, affirment les Somali le plus sérieusement du monde, qu'on n'a jamais vu de mémoire d'homme un Yibir mort. Pas un seul des Yibro que j'ai interrogés sur ce point n'a cependant tenté de donner crédit à cette fable; tous m'ont indiqué que, dans la mesure où les Somali s'abstenaient, par mépris, de participer aux cérémonies qui rythment l'existence des Yibro, leurs funérailles étaient célébrées, contrairement aux usages qui prévalent dans la société somali, dans la plus stricte intimité; aucun Somali "noble" n'était admis à y participer, et le défunt était discrètement enseveli en un lieu retiré, connu seulement de ses proches. C'est de cette discrétion qu'est née la croyance relative à la disparition subite des Yibro au terme de leur existence terrestre.

La pratique de la magie, pour laquelle on attribue aux Yibro des talents particuliers, constitue la partie véritablement occulte de leurs activités. Aux yeux des Somali, tous ceux qui appartiennent à des communautés minoritaires, qu'il s'agisse des parias *sab*/*bon* ou des anciens serfs d'origine bantoue établis sur les rives fertiles du Jubba et du Shabeelle, ou qui sont issus de clans dont l'origine est incertaine comme les Jiiddu de Arboheero et leurs voisins

Urhabhaane de 'Awdhegle dans la basse vallée du Shabeelle, sont naturellement portés à la sorcellerie et aux maléfices; à l'instar des forgerons en Ethiopie, ils passent tous pour avoir le mauvais oeil (*'awri* ou *qumay*). Pour les Yibro comme pour tous les autres exclus de la grande famille somali, qui ne peuvent compter ni sur la puissance de leurs armes ni sur les ressorts de leurs alliances, et ne doivent leur sécurité qu'à la protection des clans auxquels ils sont inféodés, il est essentiel d'entretenir la crainte qu'inspirent leurs pouvoirs surnaturels. C'est ainsi que tous les Yibro s'efforceront de faire croire que leurs talents sont loin de se limiter à la manipulation d'un bâton magique et d'une calebasse percée.

Il est, de manière générale, très difficile de recueillir des renseignements auprès des Somali, toujours enclins à parer de mauvaises intentions la curiosité d'autrui, à dissimuler leurs incertitudes sous le voile du secret et à répondre par des banalités aux questions des étrangers, qu'ils tiennent -souvent avec quelque raison- pour incapables de les comprendre. Ce qui est vrai pour les Somali l'est, dans ce domaine, encore davantage pour les Yibro. Il n'est guère aisé en effet de démêler, dans les propos qu'ils tiennent à ceux qui les interrogent, la part du charlatanisme et celle de la science, et de savoir si leur silence relève de l'ignorance ou d'une discrétion de bon aloi. J'ai acquis en tout cas la conviction que, si leurs connaissances ancestrales ont, depuis une ou deux générations, beaucoup perdu de leur substance, nombre de Yibro ont conservé une partie de ce savoir, qui porte sur l'usage des plantes médicinales, sur les différentes techniques de divination et sur la magie proprement dite.

---

[1]E. Cerulli, *Somali Songs and Little Texts, XVIII. The Joys of the Yibir*, in : *Somalia*, III, p. 213.

[2]E. Cerulli, *Principi di diritto consuetudinario dei Somali Marrehân*, in : *Somalia*, II, p. 77.

[3]J.M. Flad, *The Falashas (Jews) of Abyssinia* (Londres, 1869), p. 39-40; cf; égal. Jacques Mercier, *Rouleaux magiques éthiopiens* (Paris, 1979), p. 12-13.

[4]V. supra, p. 52 et 54 (note 2).

[5]J. W. C. Kirk, op. cit. (1905), p. 201.

[6]E. Cerulli, *Il gergo delle genti di bassa casta della Somalia*, in : *Somalia*, II, p. 103.

[7]V. infra, p. 73-75.

[8]J. W. C. Kirk, op. cit. (1904), p. 100-101.

Pharmacopée yibir

Pour les hommes de religion somali, garants du dogme islamique, le sort de l'individu se trouve entre les mains d'Allah; aussi n'est-il ni nécessaire ni même souhaitable de rechercher en-dehors du Coran le remède aux maux, spirituels ou physiques, qui affligent ses créatures. C'est ainsi qu'en cas de maladie, on se bornera le plus souvent à faire réciter des versets du Coran; dans les cas graves, on écrira ces versets sur une planche à Coran (*lox*), puis on lavera l'encre qu'on fera boire au patient, diluée dans de l'eau. L'utilisation des simples procède, dans ce contexte, de connaissances qui ne peuvent être que suspectes et qui sont, une fois de plus, l'apanage équivoque des Midgo et des Yibro. Ceux-ci connaissent généralement mieux que les pasteurs les ressources, d'ailleurs relativement maigres, des steppes et des montagnes du pays somali, et maîtrisent l'usage de quelques plantes, qu'il vont récolter en cas de besoin. Kirk avait observé que les herbes en questions étaient le plus souvent réservées par les Yibro à un usage purement externe, attachées par une bandelette sur la partie du corps du patient atteinte par la maladie ou portées en amulette[1]. Cette observation, qui reposait peut-être sur les indications volontiers laconiques que les Yibro donnent à ce propos à ceux qui les interrogent, mérite d'être quelque peu nuancée : quelques Yibro, dont les connaissances ne semblent guère dépasser du reste celles des herboristes du sud du pays, connaissent en effet l'usage d'un certain nombre de plantes médicinales.

A un malade atteint de dysentrie, on administrera ainsi la racine et le fruit du *xintilif* (*Brucea antidysentrica*), broyés et mélangés à du lait tiède, ou l'écorce et la racine pilée du *weger*, l'olivier sauvage (*Olea chrysophylla*); le *saddexo* ou éleusine (*Eleusine compressa*) est également employé à cet effet dans les régions où on le trouve. Contre les différents vers intestinaux, les Yibro emploient l'écorce, réduite en poudre et mélangée à de l'eau, d'une variété de mimosacée, le *reedeb* (*Albizia anthelmintica*), les graînes de *baarro* (*Cucurbita maxima*) ou, plus rarement, l'écorce pilée du grenadier ou *rummaan* (*Punica granatum*). Contre les fièvres, désignées selon leur degré de gravité supposée par les termes *xummad*, *qandho*, *dhaxan* ou *kanee'o*, les remèdes ne manquent pas : la décoction de feuilles de *qat* ou *qaad* (*Catha edulis*)[2], dont la plupart des Yibro font une consommation abondante et qui provoque également, dit-on, des hallucinations, est incontestablement le plus prisé; on emploie également le jus de feuilles de la sapinacée *de'en* (*Dodonea viscosa*), les graines de l'anacardiacée *ilka 'adeeys* (*Rhus incana*) ou, en infusion, les feuilles de l'astéracée *butureen* (*Artemisia abyssinica*).

Les maladies vénériennes, notamment la syphilis dont les symptômes primaires disparaissent spontanément pour le plus grand bonheur des guérisseurs, ont de tout temps attiré l'attention de ces derniers. Pour vaincre la blennorhagie, les Yibro et les Midgo font boire au patient une décoction de racines de l'épocynacée *geed waabay* (*Acokanthera schimperi*), ou du suc d'euphorbe macéré plusieurs jours dans de l'eau ou de la bière; il lui font également manger une tête de mouton -mets normalement considéré comme impur par les Somali- bouillie trois fois. Contre les adénites d'origine vénérienne et l'hyperménorrhée, ils emploient un onguent contenant, entre autres, du *maraboog* ou *marakudheg* (l'amaranthacée *Achyranthes aspera*); les décoctions de qat soignent également les urétrites, et la racine écrasée de l'*umbay*, une variété de solanacée (*Solanum marginatum*), sert à préparé un remède très prisé contre la syphilis[3]. Le cumin noir ou patte d'araignée (*Nigella sativa*), que les Somali appellent *habba suuda* et qui accroît chez les femmes le flux menstruel, est employé comme abortif. Particulièrement fréquentes dans une société où beaucoup de litiges sont règlés par les armes, les blessures sont soignées par une application de suc et de feuilles pilées d'aloès (*da'ar*) ou de bois moulu de *kudan* (*Balanites ssp.*), qui hâtent la cicatrisation; quant à l'écorce de *gowlello* (*Commiphora ssp.*), elle agit comme antiseptique.

Les maux plus bénins ne sont pas ignorés des Yibro et des Midgo, qui utilisent la lamiacée *geed 'ad* ou *wan 'ad* (*Ocimum tomentosum*) et les fumigations de feuilles de la solanacée *sholasholaah* (*Withania somnifera*) contre les ophtalmies et les migraines, les feuilles de l'euphorbiacée *boo'* (*Ricinus communis*) contre les hémorroïdes et le suc d'euphorbe, le latex de *berde* (*Ficus vasta*) ou la cendre d'*argeg* (*Asparagus racemosus*) mélangée à du beurre pour venir à bout des verrues. Le *food 'adde* (l'astéracée *Vernonia amplexicaulis*) est employé comme laxatif et les décoctions de feuilles de *sogsog* (*Acacia etbaica*) comme astringent. Piquée dans la gencive, l'épine d'*orgabaad* (l'apocynacée *Carissa edulis*) calme les maux de dents[4].

Les Yibro, qu'on appelle souvent au chevet des femmes enceintes et des parturientes, font également de certaines plantes un usage qui se situe aux limites de la médecine et de la magie. Ils connaissent ainsi, comme les Midgo, les secrets du *waabayyo*, un redoutable poison confectionné avec les racines fraîches ou desséchées d'une épocynacée, le *geed waabay* (*Acokanthera schimperi*), broyées et longuement bouillies, puis mélangées au suc d'aloès afin d'obtenir une sorte de pâte dont on enduit la pointe des flèches. Les feuilles de *qat* ou *qaad* (*Catha edulis*), dont l'usage est très répandu dans toute la Corne de l'Afrique, sont, comme on l'a vu, également très utilisées par les Yibro, de même d'ailleurs que les feuilles de trois autres plantes également désignées en somali par le terme de *qaad* (la rhizophoracée *Cassipoura abyssinica* ou *malosana*, la vitidacée *Cissus quandrangularis*, dont la racine pilée sert de remède contre la rage, et le *Gymnosporia senegalensis*) : le *qaad* sert en effet à combattre les maux d'yeux et l'épilepsie; en décoction et mélangé à une petite quantité de *waabayyo*, il provoque des hallucinations; si l'on ajoute une quantité de *waabayyo* plus importante, l'absorbtion du breuvage entraîne, dit-on, la perte définitive de la raison[5]. C'est après avoir mâché la racine de la malpighiacée *marmarood* ou *marmarson* (*Caucanthus edulis*) ou celle du *xanja 'aseeyye* (*Polygala abyssinica*) que les Yibro entrent en contact avec les esprits; ils ingurgitent également à cet effet une potion de *boo' madow* (le datura) qui, mélangée aux aliments, les plonge en quelques instants dans un sommeil peuplé de visions du monde caché et de songes prémonitoires. Quant au pédoncule du *dilo yahan* (*Loranthus ssp.*), porté en amulette autour du cou, il protège, dit-on, de la morsure des serpents.

---

[1] J. W. C. Kirk, op. cit. (1904), p. 102.

[2] Appelé *qaad* ou *qat* par les Somali, *ch'at* par les Abyssins et *mira'a* par les Kényans, il s'agit de l'alcaloïde *Catha edulis*, qu'on "broute" dans toute la Corne de l'Afrique pour ses vertus euphorisantes et excitantes (V. l'article de B. G. Hill, *Cat (Catha Edulis Forsk)*, in : *Journal of Ethiopian Studies*, vol. III, n°2, p. 13-23).

[3] Le Dr Merab (v. *Médecines et Médecins* en Ethiopie, Paris, 1912) avait déjà signalé les propriétés anti-syphilitiques que les Abyssins attribuent à cette solanacée, qu'ils appellent *embway*.

[4] D. Lemordant (*Les Plantes éthiopiennes, Addis Abeba*, 1960, p. 8) mentionne la même pratique en Abyssinie, où l'arbuste est connu sous le nom d'*agam*.

[5] V. infra, p. 84, le récit qui décrit la manière dont l'ancêtre des Yibro, Maxamed Xaniif, perdit la raison.

La divination

Les Somali utilisent, lorsqu'ils souhaitent pénétrer les secrets de l'avenir, plusieurs techniques. Certaines de ces pratiques divinatoires, qu'on désigne par le terme générique de *faal* (qu'il ne faut pas confondre avec *fal*, l'envoûtement, dont il sera question plus loin), sont très couramment employées par les femmes, indépendemment d'ailleurs du clan dont elles sont issues : c'est le cas du *maryama*, qui consiste à imprimer à un collier un mouvement de balancier et à considérer comme véridiques les paroles prononcées lorsque le collier redevient immobile, et de l'observation des corbeaux qui, en s'envolant de l'endroit où ils se sont posés, souligne également par ce mouvement la véracité d'un propos. D'autres techniques, comme l'astrologie et la géomancie (*min guuris*), sont à la fois plus complexes et plus rarement employées.

Certains Yibro revendiquent la maîtrise de ces techniques. On fait parfois appel à eux pour calculer, non seulement les horoscopes en fonction de la planète dominante et de l'ascendant sous lequel est née la personne dont on souhaite connaître l'avenir ou la chance, mais également sa puissance numérique : pour ce faire, on écrit en arabe son nom, le nom de sa mère et le nom de l'astre sous lequel il est né; à chacune des lettres ainsi tracées correspond un chiffre; on additionne les chiffres pour obtenir un nombre qu'on divise par douze. Le reste, qui peut varier de zéro à onze, correspond à l'un des douze signes du zodiaque.

Les Yibro, dont les connaissances sont partagées dans ce domaine par beaucoup de Somali, affirment de même qu'une année sera plus ou moins bonne ou mauvaise en fonction, non seulement du jour de la semaine qui marque sa naissance, mais également des astres qui se trouvent dans le ciel ce jour-là. La lune (*daxay*), qui gouverne le lundi, jour propice aux soins médicaux, fait naître querelles et discussions, mais favorise les récoltes et la prospérité des troupeaux. Mars (*faraane*), planète du mardi, jour favorable aux voyages et aux sacrifices, provoque discordes et guerre, détruit les récoltes et suscite des épidémies. Mercure (*dusaa*), qui gouverne le mercredi, est la planète de la sagesse, de la justice et de la connaissance. La planète du jeudi, Jupiter (*'irjeex*), préside aux bouleversements de toutes sortes : elle provoque des désordres climatiques et fait mourir les tyrans. Planète de l'amour, de l'entente entre les individus et les clans, Vénus (*waxaraxir*) gouverne le vendredi et inaugure des années qui, dit-on, commencent bien et finissent mal. Quant à la planète du samedi, Saturne (*raage*), elle n'apporte rien de bon : décès, sécheresses, catastrophes naturelles et épidémies seront son lot.

Certains Yibro pratiquent également la géomancie, utilisant des cailloux, des brindilles ou des noyaux de fruits; pour noter les tirages, les géomanciens se servent généralement d'une branchette de *madheedh* (*Cordia gharaf* ou *ovalis*). Le nom d'origine arabe de nombreuses figures (ainsi *bayaad*, *yulqad*, *ximra*, *inkiis*, *'uqle*, *dariiq*, etc.) semble indiquer que les Somali ont appris des Arabes et des Perses les techniques de la géomancie, mais l'analyse des quatre figures centrales (le *mooro*) et des colonnes de quatre lignes (les *min*) obtenues lors des tirages varie considérablement en fonction des régions et des individus. Ainsi, selon Abdi Mohamed Abdi[1], le *min* appelé *afyuub* ou *qowshad* en somali et *el kusaj* ou *godle* en arabe, et qui comporte un point sur la première ligne ou "tête" (*madax*), un point sur la deuxième ligne ou "cou" (*luqun*), deux points sur la troisième ligne ou "poitrine" (*laab*) et un point sur la quatrième ligne ou "pieds" (*minjo*) reçoit différentes interprétations : dans les régions somali du Galgeduud et du Banaadir (Mogadiscio), il annonce l'arrivée d'une personne malveillante ou des dommages infligés aux troupeaux par les fauves; dans la région de Kismaayo, il annonce l'abondance ou un évènement inattendu; à Kulbiyow sur la frontière somalo-kényane, il annonce une surprise; enfin, selon l'interprétation arabe, ce *min* marque le commencement d'une nouvelle vie (naissance ou nouvelle activité) et n'annonce en soi rien de bon ni de mauvais.

---

[1]Abdi Mohamed Abdi, op. cit., vol. I, p. 125-126.

Magie noire et envoûtements

Les Somali considèrent que les anciens serfs d'origine bantoue établis le long du Jubba et du Shabeelle, les membres de la tribu des Jiiddu[1] et les Yibro ont un penchant et des talents particuliers pour la magie noire. Celle-ci est désignée par les termes synonymes de *fal* ou de *sixir*, dont sont issus, en langue somali, les verbes qui signifient "envoûter" : *falayya* et *sixrayya*. La distinction qui est parfois faite entre magie noire et magie blanche n'a, il convient de le préciser, guère beaucoup de sens en pays somali, et les Yibro considèrent les deux activités comme les deux faces d'une même médaille; il est d'ailleurs courant qu'ils délivrent quelqu'un du mauvais sort, non pas en renvoyant le maléfice à l'envoyeur, mais en le transférant sur une personne tierce.

Innombrables sont les recettes qui permettent, en jetant des sorts (*dhigimaris*), de détruire les biens par le feu, de décimer le bétail, de provoquer chez les gens divers troubles du comportement, des maladies graves et même la mort, celles qui président à la confection des philtres d'amour (*madiido*) ou "ferment la bouche" (*afxidh*) des fauves qui menacent le bétail, des médisants et des contradicteurs potentiels; les Yibro qui les connaissent ne sont cependant guère disposés, comme on s'en doute, à les divulguer. Directement administrés à la victime ou aspergés sur les murs de la maison, les philtres utilisés par les Yibro pour les envoûtements contiennent communément le suc extrait des feuilles ou des racines de certaines plantes, notamment de nombreuses solanacées et euphorbiacées qu'ils utilisent dans leur pharmacopée. Il n'est pas rare que les sorciers emploient également du venin de serpent ou le sang de certains petits animaux, comme les chauve-souris ou les écureuils fouisseurs.

La plupart de ces recettes ne passent cependant pour être réellement efficaces que si le sorcier parvient à y faire entrer des matières organiques provenant de l'homme ou de l'animal qu'il désire atteindre : ongles, crins, poils, cheveux, salive, urine, sang ou fèces. L'utilisation de ces matières par les sorciers et les jeteurs de sorts est du reste bien connue des Somali, qui prennent grand soin d'enterrer leurs rognures d'ongles et les cheveux qu'ils viennent de couper. Leur souci est d'autant plus vif que toutes les personnes qui, par leur profession, entrent en contact avec le corps de leurs clients ou de leurs patients, qu'il s'agisse des barbiers, des sages-femmes, des exciseuses ou des guérisseurs, sont précisément issues de castes accusées de pratiquer la sorcellerie ou, pour le moins, d'être en contact régulier avec des sorciers. Faute de pouvoir se procurer l'une ou l'autre de ces matières organiques, les sorciers pourront agir sur un autre support : ainsi, les traces laissées dans le sol meuble par les pieds nus de la victime ou, si l'on ne craint pas de s'approcher d'elle, son ombre, dans laquelle le sorcier plantera l'extrémité ferrée de son bâton. Les Somali qui tiennent à échapper aux maléfices s'abstiendront donc également de marcher nu-pieds, de cracher en présence de celui qu'il soupçonne d'être un sorcier ou de s'attarder pour deviser avec lui.

Particulièrement efficaces lorsqu'ils sont pratiqués lors de la lune noire, les rites d'envoûtement pratiqués par les Yibro font également intervenir, comme dans de nombreuses autres régions du monde, des figurines de bois qui représentent la victime. Parfois, le Yibir enfonce des flèches ou des objets de métal dans le tronc d'un arbre dont il fait, à travers ce rituel, le double de celui qu'il désire frapper. Dans son mémoire de licence en lettres publié à Mogadiscio en 1986 sous le titre *Aragtida sixirka Soomaaliyeed* et cité par Abdi Maxamed Abdi[2], Qaali Axmed Qaylo rapporte l'anecdote suivante : "Un jour, alors que j'étais jeune, je passai près d'une doline avec deux hommes, lorsque nous entendîmes des gémissements. Nous allâmes voir d'où cela provenait; l'un de mes compagnons était un sorcier. Nous trouvâmes un arbre dans lequel était fichée une flèche. Le sorcier la retira en pronçant des incantations. Nous continuâmes ensuite notre route et arrivâmes dans un village proche. On nous raconta alors que, toute la nuit durant, un homme avait troublé le campement par ses gémissements et que, brusquement, cet homme venait de guérir.

Le sorcier leur dit ce qu'ils avaient trouvé : l'homme avait été ensorcelé, mais lui même avait conjuré le mauvais sort."

Les Yibro que j'ai eu l'occasion d'interroger ne semblent pas maîtriser en revanche les rites de possession et d'exorcisme qui se rattachent au culte des *saar*, esprits auxquels correspondent très exactement les *zar* abyssins que de nombreux anthropologues et ethnologues, dont Michel Leiris, ont évoqué dans leurs ouvrages[3]. Pratiquée surtout dans le sud de la Somalie et dans les régions agricoles de la Mésopotamie somalienne, ces rites comportent notamment des chants destinés à faciliter les accouchements (*sagaalaysi*, *taraareysi*, *abbaay siti* et *kuraysi*), la "pacification" des esprits musulmans dits *wadaado*[4] et l'envoi, par le "maître des esprits", d'esprits appelés *rooxaan* : ceux-ci accompagnent, afin de leur venir en aide, des personnes dont ils "touchent l'épaule" et qu'on désigne pour cette raison par le terme de *garabdaar* (du somali *garab*, "épaule", et *daarayya*, "toucher, effleurer"). Les Yibro ignorent tout autant les danses qui sont pratiquées pour se concilier les bonnes grâces des familles d'esprit dont elles prennent le nom : le *mingis* employé pour apaiser les esprit *mingis*, dont beaucoup seraient originaires du nord-est de la péninsule, le *boorana*, destinés aux esprits *boorane* qu'on dit liés à Sheekh Xuseen, vénéré par les Oromo de la province éthiopienne du Balé, le *xayaad*, le *lumbi* et le *beebe*, plus répandues dans les communautés d'origine servile, ainsi que le *shixir* dansé par femmes issues des clans arabo-somali de Mogadiscio et de Merka.

---

[1]V. infra, p. 133-134.

[2]Abdi Mohamed Abdi, op. cit., vol. I, p. 131-132.

[3]V. notamment Marcel Griaule, *Le livre de recettes d'un dabtara abyssin* (Paris, 1930), Michel Leiris, *La possession et les aspects théâtraux chez les Ethiopiens de Gondar* (Paris, 1958), Jacques Mercier, *Asrès, le magicien éthiopien* (Paris, 1988) et M. Rodinson, *Magie, médecine, possession en Ethiopie* (Paris et La Haye, 1967).

[4]*Wadaad*, pl. *wadaado*, signifie en somali "homme de religion, docteur en religion".

LE PRIX DU SANG

Masku inta anu kugu
'andhuufin aya lagu 'andhuufa
Crache sur le cobra
avant qu'il ne crache sur toi

La mort de Maxamed Xaniif

Incorporé à la fin du siècle dernier dans le sixième bataillon des célèbres *King's African Rifles* et envoyé dans la Corne orientale de l'Afrique, le lieutenant J. W. C. Kirk eut la chance de pouvoir recueillir dans le Somaliland les traditions orales, encore bien vivaces à cette époque, des Midgo et des Yibro qui, voyant peut-être en lui un paria à leur ressemblance, le firent bénéficier de confidences qu'ils n'auraient livrées pour rien au monde aux autres Somali. C'est ainsi que Kirk put noter, de la bouche de ses informateurs yibro, la première version connue de la légende qui retrace l'origine de ce groupe mystérieux[1] :

"Il y a longtemps vivait un saint homme (*anqag*). Là où il vivait, personne d'autre ne vivait. Les gens de ton peuple[2] et les "Gens de la Prière" (les Somali musulmans) qui vivaient parmi eux se firent la guerre. Le santon était un homme riche. Les gens de ton peuple allèrent le voir. "Donne-nous une herbe", lui dirent-ils. "Pour quelle raison voulez-vous cette herbe?", leur demanda-t-il. "Grâce à cette herbe, répondirent-ils, nous pourrons tuer les Gens de la Prière qui vivent parmi nous". "En ce cas, dit-il, il vous faudra me donner beaucoup d'argent; sinon, je ne vous donnerai pas cette herbe". Ils lui firent alors présent de cent pièces d'argent et de cent chameaux, et il accepta de leur donner l'herbe. C'est alors que les Gens de la Prière partirent pour une razzia. Ceux de ton peuple partirent aussi pour une razzia contre les premiers. Ils vécurent dans un certain endroit pendant deux cents saisons des pluies (c'est-à-dire deux cents ans), et on ne put jamais trouver cet endroit.

Lorsque le saint homme mourut (tué par les infidèles), les Gens de la Prière se disputèrent ses biens. Sa maison fut pillée. L'un de ses fils, un petit garçon, vint alors d'un endroit où il vivait avec ses quatre frères. Il s'appelait Maxamed Xaniif. Il devint lui-même un saint homme; il avait l'habitude de coucher avec beaucoup de femmes. Alors qu'il faisait cela, un grand santon vint à lui; c'était

'Aw Barkhadle. Celui-ci lui demanda : "Pourquoi vis-tu ici, et pourquoi serais-tu un santon?" "Serais-tu donc plus saint que moi?", rétorqua l'autre. "Assurément, je suis plus saint que toi", répondit 'Aw Barkhadle. "Dans ce cas, dit alors Maxamed Xaniif, tu dois me montrer pour quelle raison tu es plus saint que moi". "Là où j'entrerai, tu essaieras d'entrer toi-même", répondit l'autre. Il traversa alors une colline qui se trouvait non loin de là. Lorsque Maxamed Xaniif entra à son tour dans la colline pour la traverser, 'Aw Barkhadle dit : "O colline, referme-toi sur lui!" A ces mots, la colline se referma, et Maxamed Xaniif ne parvint plus à en ressortir; c'est ainsi qu'il périt dans les entrailles de la colline. Telle fut la mort du santon de notre peuple.

Alors ses fils dirent : "Vous avez tué notre père; à présent, donnez-nous quelque chose (le prix du sang)". 'Aw Barkhadle prononça alors ces paroles : "Dois-je vous donner aujourd'hui cent chameaux, ou dois-je vous donner une brebis pour chaque fils qui naîtra et une pièce d'argent pour chaque mariage qui sera célébré?" "Nous voulons une brebis pour chaque nouveau-né et une pièce d'argent pour chaque mariage, répondirent les fils de Maxamed Xaniif; tel sera le prix que nous recevrons". C'est pour cette raison que, nous les Yibro, nous recevons le prix. Lorsque les Somali nous donnent une brebis ou de l'argent, nous leur donnons un petit morceau de bois (une amulette). C'est ainsi que nous gagnons notre vie. Nous connaissons aussi beaucoup de plantes. A celui qui est malade, à celui qui se prépare à partir à la guerre, à celui qui nous dit : "Rendez-moi meilleur que celui-ci", nous donnons une de ces plantes que nous connaissons. Et lorsque cet homme guérit, lorsqu'il revient victorieux du combat, lorsqu'il est devenu meilleur que son rival, il nous donne beaucoup d'argent."

C'est à la même légende que fait référence le récit recueilli au milieu du siècle dernier par l'explorateur R. Burton de la bouche d'un "célèbre généalogiste" du nom de Sheekh Jaami. Ce récit[3] fait état de la rencontre, en l'an 666 de l'Hégire (1266-67), entre le *Sayyid* Yûsuf al Baghdâdi, en visite à Siigaaro, un port situé non loin de Berbera, et "un magicien infidèle, qui traversait les montagnes grâce aux pouvoirs de son grimoire". "Le saint, écrit Burton, appela à son secours Muhammad bin Yûnis al Siddîqi, de Bayt al Faqih en Arabie; en joignant leurs prières, ils enfermèrent le mécréant dans une colline (...). Les nombreux descendants du saint homme continuent de payer chaque année une amende, sous forme de prix du sang, à la famille du chef infidèle".

---

[1]Le texte en argot yibir, dont Kirk a donné dès 1904 (op. cit., p. 98-99) une traduction d'ailleurs obscure en plusieurs points, est reproduit dans l'ouvrage du même auteur, *A Grammar of the Somali Language* (Cambridge, 1905), p. 197-199.

[2]Les Yibro assimilent en effet Kirk, qui n'est pas musulman, aux Oromo animistes qui étaient établis dans le Somaliland avant l'arrivée des Somali; on rapproche d'ailleurs parfois le nom donné par les Somali aux Oromo (*Gaala*) de celui qui désigne dans leur langue les "incroyants" et, par extension, les Européens (*Gaallo*, sg. *Gaal*).

[3]R. Burton, op. cit., vol. I, p. 101.

Le dernier roi du pays de Punt

La légende rapportée par Kirk est encore bien connue en Somalie, sous des formes qui diffèrent assez considérablement selon les régions ou les individus. Bien que la trame du récit soit plus ou moins la même, et que la plupart des conteurs ne semblent avoir retenu de l'affrontement entre le "saint" venu d'Arabie et l'ancêtre des Yibro que ses principales péripéties, certains Yibro perpétuent des traditions orales qui, en raison de leur originalité et de leur intérêt, retiennent l'attention et méritent d'être reproduites ici. C'est ainsi que, lors d'un séjour que je fis en mars 1988 à Merka, un petit port arabo-somali situé sur la côte de l'Océan Indien à une centaine de kilomètres au sud de Mogadiscio, je pus rencontrer Maxamed 'Ismaan Yuusuf, un Yibir né à Qoriaaley vers 1935, qui me donna de la légende la version suivante :

"Je suis Maxamed, fils de 'Ismaan, fils de Yuusuf, fils de Axmed, fils de Yuusuf, fils d'Abuukar, fils de Geeddi, fils de Beeruud, fils de Saleebhaan, fils de Axmed, fils d'ancêtres dont j'ignore les noms, et qui descendaient de Muuse, fils de Maxamed Xaniif. Il y a environ vingt-cinq générations, un guérisseur venu d'Egypte, Sheekh Maxamed Xaniif, débarqua sur les côtes du Somaliland, quelque part entre Zeyla et le Raas Khansiir. Il connaissait les plantes qui guérissent, et aussi celles qui servent à fabriquer les poisons. Il maîtrisait aussi les techniques de la divination (*faal*). Il vécut quelques années parmi les païens. Il y avait là des Dir et des Galla (Oromo) qui n'avaient encore entendu parler ni d'Allah ni du Prophète. Il devint leur chef, et eut plusieurs fils, qui furent les ancêtres de mes pères.

Dix-sept années après l'arrivée en Somalie de Sheekh Maxamed Xaniif, débarqua, également venu d'Egypte, un cheikh issu comme le Prophète de la tribu des Quraysh : Yuusuf al Kawneyn, qui reçut plus tard le nom de 'Aw Barkhadle. Celui-ci commença à enseigner l'islam. Il se disputa alors avec Maxamed Xaniif. Celui qui régnait alors dans la région était un puissant roi du nom de Bu'ur Ba'ayr. On dit qu'il était juif. Il vivait sur une montagne, dans une forteresse; il avait de nombreuses femmes et avait l'habitude de passer sept nuits avec toutes les vierges avant leur mariage. C'est lui, Bu'ur Ba'ayr, qui enseigna aux Somali l'art de la chasse et de la guerre; c'est lui qui leur apprit à fabriquer des arcs et des flèches, et à confectionner le poison *waabayyo*[1]. Bu'ur Ba'ayr prit Yuusuf al Kawneyn à son service et résolut de se débarrasser de Maxamed Xaniif, dont la science menaçait ses pouvoirs. Il l'invita alors chez lui, et lui donna à boire une décoction de *qaad* et de *waabayyo*. Après avoir bu le poison, Maxamed Xaniif devint fou. Il se mit à errer au hasard, en murmurant des paroles incohérentes. Il passa quelque temps dans la plaine où se trouve aujourd'hui Jigjiga et, de là, se rendit dans la ville sainte de Harar; c'est là qu'il mourut. Il est enterré près de la ville, dans un endroit appelé Ka'abal Axbaar. Bu'ur Ba'ayr mourut à son tour quelques années plus tard. Sa tombe se trouve à une quinzaine de kilomètres au nord-ouest de Hargeysa, en un lieu appelé Dhereer Weyne. Les passants jettent encore aujourd'hui des pierres sur sa tombe. Quant à Yuusuf al Kawneyn, il est enterré, je crois, à Garre Jigood; j'ignore où ce trouve cet endroit."

A Djibouti, où me conduisirent également mes recherches, je pus rencontrer le 18 avril 1998 Axmed Xuseen Axmed, président de l'Association des Gaboyye de Djibouti et fils de Xuseen Axmed Xasan, un Yibir âgé de plus de soixante-dix ans qui exerce les fonctions de *suldaan* de tous les *sab* de la ville. Axmed Xuseen Axmed me conta en ces termes la légende de Bu'ur Ba'ayr :

"Je suis Axmed, fils de Xuseen, fils de Axmed, fils de Xasan, fils de 'Igaal, fils de Naalleeye, fils d'Aadan, fils de Muusa, fils de Geeddi Dheere, fils de Minandaaye, fils de Muuse, fils de Maxamed Xaniif.

Il y a environ six cents ans, avant que l'islam ne soit introduit en Somalie, régnait sur le pays de Punt celui qui fut le dernier roi de ce pays : Maxamed Xaniif, qu'on appelait Bu'ur Ba'ayr. Le terme vient peut-être de l'arabe *ba'ïr*, "troupeaux", car il était très riche en troupeaux; peut-être s'appelait-il Bur'i Bakiir. Il était venu du Yémen. Il prélevait des taxes et des impôts, et exerçait une grande autorité sur les populations locales, qui étaient frustes et peu nombreuses. La légende dit qu'il avait droit de cuissage sur toutes les femmes. Ceci est faux. En réalité, Bu'ur Ba'ayr a introduit dans le pays qu'il gouvernait quelques règles d'hygiène élémentaire, alors inconnues des populations locales. En particulier, il a interdit aux hommes de connaître leur femme pendant les sept jours que durent leurs menstrues. C'est de là que provient la légende selon laquelle il passait sept jours avec les femmes qui venaient de se marier avant de les laisser à leurs époux légitimes.

Un jour vint dans ce pays un santon musulman du nom de 'Aw Barkhadle. Il se mit à prêcher l'islam et entra en conflit avec Bu'ur Ba'ayr. Nul ne sait ce qu'il advint précisément; toujours est-il que les deux hommes finirent par s'affronter et que Bu'ur Ba'ayr eut le dessous. Avant de mourir, il prit la parole : "De même que mes sujets payaient l'impôt, les descendants des Somali continueront de payer l'impôt à mes descendants; cet impôt sera appelé *samanyo*, et sera versé en deux occasions : la naissance d'un fils et le mariage. En échange du *samanyo*, le nouveau-né recevra une amulette, le *makaraan*, que la mère devra montrer pour prouver qu'elle a payé l'impôt." Dans le *makaraan*, il y a un petit morceau de la racine de l'arbre *'aws*; on la mâche, puis on avale la salive; c'est un bon remède contre la grippe."

---

[1] V. supra, p. 69.

Le crime de 'Aw Barkhadle

En février 1997, le Secrétaire Général du Parti *United Somali Roots* qui, créé en 1991, milite en faveur des *sab/bon* et de toutes les communautés de parias[1], 'Aydaruus Maxamed 'Abdi, me présenta à Addis Abeba un autre Yibir, Xasan Maxamed 'Ali. Originaire de Boosaaso en pays majeerteen, où il naquit en 1957, fils d'un ouvrier employé à l'usine de sel de Raas Xaafuun, celui-ci me fournit une autre version de la légende de Maxamed Xaniif :

"Mon nom est Xasan, fils de Maxamed, fils de 'Ali, fils de Geeddi, fils de Naxar, fils de Xasan, fils de 'Abdikariin, fils de Liibaan, fils de Saalax, fils de Ismaa'iil, fils de Muuse, fils de Maxamed Xaniif.

Voici l'histoire de Maxamed Xaniif et de 'Aw Barkhadle. Le Prophète engendra Faadumo Rasuul, qui engendra Xuseen, qui engendra Yuusuf Kawneyn. On connaît mieux Yuusuf Kawneyn sous le nom de 'Aw Barkhadle. Certains disent que 'Aw Barkhadle et Sheekh Isaaq étaient une seule et même personne, et que c'est Sheekh Isaaq, et non 'Aw Barkhadle qui s'est battu avec Maxamed Xaniif; on dit aussi qu'à l'époque où Sheekh Isaaq arriva en Somalie, le pays était gouverné par deux sultans, Berber et Soomaal, et que Maxamed Xaniif était le grand-prêtre du sultan Soomaal. Ceci est faux, mais il est vrai que les deux, 'Aw Barkhadle et Sheekh Isaaq, ont vécu à la même époque. Le Prophète avait prédit que l'un des deux resterait sans enfant mâle, c'est pourquoi ils évitèrent de se rencontrer. C'est ainsi que 'Aw Barkhadle mourut sans héritiers; Sheekh Isaaq eut quant à lui une très nombreuse descendance.

Lorsque Yuusuf Kawneyn parvint à l'âge adulte, il quitta l'Arabie pour répandre en Afrique l'enseignement du Coran. Il arriva tout d'abord à Mogadiscio; là, il se battit contre les Galla et convertit beaucoup de monde. Puis il partit convertir les clans du nord, à Raas Xaafuun, à Boosaaso et à Berbera. Il demeura ensuite de nombreuses années à Harar. Il était très vieux, âgé de plus de cent ans, lorsqu'il fit contruire une mosquée à Dogor, près de Hargeysa. Le pays était alors gouverné par un puissant sorcier du nom de Maxamed Xaniif, qui avait coutume de passer sept nuits avec les femmes qui venaient de se marier. 'Aw Barkhadle fit savoir au peuple que cette coutume était abominable et interdite par tous les livres; il se mit à célébrer des mariages selon le rite coranique. Ceci déplut à Maxamed Xaniif, qui provoqua 'Aw Barkhadle. Celui-ci lui dit : "Mes pouvoirs sont plus grands que les tiens; je te défie de traverser cette montagne de part en part". La montagne se trouve près de Dogor, à quelques heures de marche au nord-est de Hargeysa. Maxamed Xaniif lui répondit : "Je pourrai traverser cette montagne autant de fois que je le voudrai". Ayant dit cela, il prit un petit morceau d'un arbre et en fit une amulette qu'il fixa sur son front avec une lanière de cuir. Puis il traversa la montagne une fois; il la traversa une deuxième fois. La troisième fois, 'Aw Barkhadle dit : "O Terre d'Allah!", et fit ainsi se refermer la montagne, dont Maxamed Xaniif ne put jamais plus ressortir.

Maxamed Xaniif avait cinq fils : Jaama', 'Anjid, Geeddi, Ayyuub et Muuse. Lorsqu'ils virent que leur père avait été tué par 'Aw Barkhadle, ils réclamèrent la *diyya* (prix du sang) de cent chameaux. 'Aw Barkhadle leur demanda : "Voulez-vous que le prix du sang vous soit versé une fois pour toutes ou préférez-vous que mes descendants doivent la *diyya* à vos descendants jusqu'à la fin des temps?" Les fils de Maxamed Xaniif répondirent alors : "Nous préférons que tes descendants doivent la *diyya* à nos descendants pour toujours; ils nous donneront quelque chose, et nous leur donnerons en échange un morceau du bois que notre père portait sur son front." "Qu'il en soit ainsi", dit alors 'Aw Barkhadle. "Comment obligerons-nous tes descendants à payer la *diyya* à nos descendants?", objectèrent les fils de Maxamed Xaniif. "Que les enfants mâles de ceux qui refuseront de payer la *diyya* à tes descenants soient maudits, répondit 'Aw Barkhadle, et que leurs mariages soient également maudits". C'est ainsi que, quand naît le fils d'un Somali, ou quand un Somali se marie, un Yibir se présente chez lui. Il doit recevoir un cadeau, le *samanyo*. S'il ne le reçoit pas, le Yibir prend la santé et la vie de l'enfant; il prend la chance de l'homme et de la femme, qui n'auront pas d'enfants et se sépareront. En échange du *samanyo*, il leur donne sa bénédiction et leur remet le *makaraan*, qui contient un petit morceau de bois".

---

[1]V. infra, p. 191.

Le fils du djinn et autres récits

Si l'on en croit une légende assez répandue dans le nord de la Somalie, et dont on trouve des variantes dans d'autres régions de la Corne de l'Afrique[1], les Yibro descendraient d'un petit orphelin qui fut investi de pouvoirs surnaturels par le Prince des *djinns*. Selon le récit que me fit en juin 1997 à Jigjiga 'Abdillaahi Faarax Muxumed, un Daarood Geri originaire de Baabille, l'orphelin menait dans les montagnes du nord de la péninsule une vie misérable : le jour, il déterrait des racines pour se nourrir et, la nuit, dormait à même la pierraille ou chez ceux qui, par charité, voulaient bien l'accueillir. Un jour, alors qu'il cheminait en brousse, un *djinn* qui avait prit forme humaine lui apparut et lui demanda de le suivre. Le jeune garçon accepta, et le *djinn* le conduisit à travers les airs jusqu'au Prince des *djinns*. "Es-tu venu ici contraint et forcé, ou es-tu venu ici de ton plein gré?", lui demanda le Prince des *djinns* d'une voix de tonnerre. "Je suis venu ici de mon plein gré", répondit l'orphelin. Le Prince des *djinns* se tourna alors vers son serviteur pour savoir si l'enfant avait dit vrai. "C'est bien ainsi, Maître, répondit l'autre; l'enfant m'a accompagné de son plein gré". Le Prince des *djinns* garda alors l'enfant avec lui. Il lui enseigna le secret des simples et l'art de prédire l'avenir; il lui apprit aussi comment confectionner des poisons et comment frapper ses ennemis par le seul pouvoir de sa voix. Puis, après quelques années, il lui remit une canne de cuivre en lui disant : "Prends cette canne, qui te donnera tes pouvoirs, et ne laisse personne porter la main sur elle; elle éloignera de toi le Mal et t'appportera tout ce que tu désires". Puis il le congédia.

Le jeune homme partit alors habiter seul dans la montagne, évitant soigneusement le commerce de ses semblables. Chaque fois qu'un sort funeste le menaçait, la canne de cuivre éloignait de lui le danger; chaque fois qu'on l'insultait, la canne de cuivre appelait le châtiment sur l'insulteur; chaque fois qu'un souhait entrait dans son coeur, la canne de cuivre le réalisait. C'est ainsi que l'orphelin devint riche et puissant. Il épousa la fille du *djinn* qui l'avait amené au Prince des *djinns*. De leur descendance sont issus les Yibro. La canne de cuivre s'est perdue, mais les Yibro ont toujours un bâton magique dont ils se servent pour leurs sortilèges.

Dépourvue de tout intérêt sur le plan historique, la légende du petit orphelin complète l'éventail des traditions orales qui décrivent l'origine des Yibro, et auxquelles il faut ajouter, pour être exhaustif, quelques récits recueillis de la bouche d'informateurs isolés ou glanés dans des ouvrages consacrés aux Somali, mais apparemment ignorés de ceux-ci.

C'est ainsi qu'un certain Jamal Mohamed Adem, Geri Jarso de langue oromo, originaire de Chiro dans le Hararge, m'a dit en novembre 1998 avoir effectué dans sa région d'origine une enquête sur les Yibro; on lui aurait indiqué à cette occasion, entre autres "révélations" à vrai dire peu convaincantes, que les Yibro étaient issu d'un couple, 'Arroole et Wiilo qui, venus en bâteau d'un pays lointain, auraient accosté il y a plusieurs centaines d'années sur les côtes somali, dans les environs de Zeyla.

Dans son étude consacrée aux clans somali du Trans-Jubba, l'Italien Corrado Zoli rapporte par ailleurs une curieuse légende : "Les Somali racontent, obeserve-t-il, que le premier *Iever* (Yibir) naquit d'une femme qui avait épousé en même temps deux maris, vivant avec l'un le jour et avec l'autre la nuit. Les deux maris moururent en même temps, lorsque la femme mit au monde un enfant de père incertain. Devenu adulte, le garçon s'en fut vivre dans la brousse, car il était possédé par un démon qui avait régné sur sa mère et sur sa conception. C'est pourquoi, disent les Somali, les *Iever* sont des sorciers"[2].

Inspirées par des étymologies hautement suspectes, certaines théories qu'on se bornera à citer sans les commenter font enfin descendre les Yibro des Guèbres (avec l'assonance Yibir-*Gabr*), des Persans qui refusèrent après le VIIème siècle l'islamisation consécutive à la conquête arabe et, fidèle à leur religion zoroastrienne, furent contraints d'émigrer en Inde et dans d'autres régions du Moyen et du Proche Orient. D'autres thèses tout aussi fantaisistes font des Yibro les descendants d'une population tzigane venue du pays de Mokran, en Iran, et qui aurait donné à l'amulette *makaraan* le nom de leur patrie d'origine[3].

---

[1] Les Saho et les Afar notamment connaissent ce conte qui, dans leurs traditions, ne décrit pas spécialement l'ascendance d'un groupe précis.

[2] Corrado Zoli, *Notizie sul territorio di riva destra del Giuba* (Rome, 1927), p. 194.

[3] Mohamed Abdi Mohamed, op. cit., vol. I, p. 224.

Les tyrans anté-islamiques

Il reste désormais à puiser dans les récits relatifs au combat que livra l'ancêtre des Yibro au santon venu d'Arabie les éléments susceptibles d'être replacées dans un contexte historique et d'éclairer de la sorte l'origine des mages somali. Commençons par l'un des principaux protagonistes de ces récits : le roi Bu'ur Ba'ayr.

Le personnage de Bu'ur Ba'ayr -dont il convient d'observer qu'il n'est pas systématiquement identifié par les Yibro avec Maxamed Xaniif- est l'un de ces souverains légendaires qui régnaient sur la Somalie avant l'introduction de l'islam, et dont les traditions somali distinguent généralement deux catégories : les "justes", promis au salut, et les "mécréants", voués à la ruine et à l'oubli. Les premiers acceptent, parfois après quelques manifestations de méfiance, d'accueillir les cheikhs ou "santons" venus d'Arabie et porteurs des loi du Coran. Ils font acte de soumission et d'allégeance à ces immigrants qui accèdent à la souveraineté, soit en acceptant de descendre de l'arbre sur lequel ils s'étaient réfugiés, soit en exigeant qu'on leur fasse des présents que le symbolisme nomade associe à l'exercice du pouvoir : un turban blanc, des chameaux de différentes couleurs ou la peau d'un boeuf blanc étendue au sol. Enfin, en donnant à leurs hôtes prestigieux leurs filles pour épouses, ils scellent des alliances qui, bénies d'Allah, engendrent une nombreuse et prospère descendance.

A cette catégorie appartiennent le sultan Magaadle, qui donna sa fille Magaado en mariage à Sheekh Isaaq, l'ancêtre éponyme des Somali Isaaq établis dans la partie centrale du "Somaliland" auto-proclamé, et Daqalo, dont la fille Doombiro devint l'épouse de Sheekh Daarood, l'ancêtre éponyme -également venu d'Arabie- des clans somali de la confédération Daarood. Parmi les souverains anté-islamiques qui acceptèrent de s'allier avec des immigrants d'origine arabe, on peut également citer Jambeelle, fils de Hawiyye, qui laissa sa fille Faadumo devenir l'épouse d'Ibraahiin Bal'aade, lequel fut découvert juché dans un sycomore dont il n'accepta de descendre qu'à la condition qu'on lui donnât Faadumo en mariage, qu'on lui fît présent de cent dromadaires à bosse noire et d'un esclave, et qu'on l'aidât à descendre de son arbre.

Les circonstances dans lesquelles 'Aleemo Sagaal, ancêtre de plusieurs clans sédentaires de la confédération des Sab, donna sa fille 'Aasho en mariage à un cheikh arabe font l'objet d'une légende très connue dans le sud de la Somalie. Selon cette légende, qui apparaît liée à la chute de la dynastie arabe des Muzzafar qui gouverna Mogadiscio jusqu'au début du dix-septième siècle[1], quatre frères venus de la Mecque et issus, comme le Prophète, de la tribu des Quraysh, 'Umar ed Dîn, Shams ed Dîn, Faqr ed Dîn et Ahmed Dîn, arrivèrent sur les terres du Sultan muzzafaride de Mogadiscio. Prenant les quatre hommes pour des magiciens, le sultan envoya auprès d'eux une servante qu'il chargea de leur apporter des présents et de les espionner. La servante apporta aux voyageurs du miel et un chevreau, puis attendit leurs observations. "Ce miel a été enseveli dans la tombe d'un homme", dit le premier. "Le chevreau qu'on nous apporte a été élevé aux mamelles d'une chienne", dit le second. "Cette femme est indisposée", dit le troisième. Le quatrième cheikh déclara enfin : "le Sultan qui gouverne ce pays n'est qu'un bâtard". A son retour, la servante fit part de ce qu'elle avait entendu à son maître, qui la questionna de près et finit par découvrir que tout ce que les cheikhs avaient dit du miel, du chevreau et de l'état de la servante était parfaitement vrai. Le Sultan se rendit ensuite auprès de sa mère, laquelle, pressée de questions, lui avoua que son mari n'avait pu donner naissance à aucun héritier mâle. Impressionné par la sagesse des quatre frères, le Sultan les fit alors venir à lui et donna à 'Umar ed Dîn sa fille 'Aasho en mariage.

La seconde catégorie de souverains anté-islamiques dont les traditions somali conservent le souvenir comprend des tyrans qui, eux, refusent de se soumettre aux lois de l'islam et de renoncer à l'exercice de leur pouvoir. Celui-ci revêt d'ailleurs un aspect profondément inique et scélérat -souvent symbolisé par le droit de cuissage, aborrhé par l'islam- dans la mesure où, privé de tout lien avec les lignages issus de la famille du Prophète, il ne peut se parer d'aucune légitimité. Ces despotes ne tardent pas à s'affronter aux santons venus d'Arabie qui, doués de pouvoirs miraculeux, leur infligent de cuisantes défaites; ils disparaissent sans descendance ou ne laissent derrière eux que des lignages exsangues et misérables. C'est à cette catégorie qu'appartiennent les sultans Berber et Soomaal qui, lors de l'arrviée en Somalie de Sheekh Isaaq, régnaient à Berbera et à Ayk, une ville dont il ne reste plus aujourd'hui que de maigres ruines, le roi Bu'ur Ba'ayr, qui périt enfermé dans une montagne par 'Aw Barkhadle et dont les descendants furent à jamais marqués par le sceau de l'infâmie, et le chef "galla" ou oromo Qanana, qui fut occis de la même manière par 'Aw Barkhadle dans le sud du pays et dont la race, repoussée par les Somali au-delà du Jubba, est aujourd'hui confinée dans la basse vallée de la Tana. La légende de Goweedi[2], l'ancêtre mythique des Midgo inféodés aux Isaaq, offre également quelques analogies avec celle du roi Bu'ur Ba'ayr, dont certains récits du nord de la Somalie évoquent d'ailleurs deux descendants, le roi Tiniixi et la reine Tin'aaro, "toile d'araignée" (ainsi appelée en raison de l'aspect de sa chevelure), qui furent également mis à mort par 'Aw Barkhadle.

Le roi Muruf Maaruf, parfois appelé Muruq Taaruf, apparaît dans les légendes des Hawiyye du Mudug, en Somalie centrale, comme le jumeau de Bu'ur Ba'ayr : lui aussi, dit-on, était venu d'Israël et exerçait le droit de cuissage sur les populations qui lui étaient soumises; lui aussi s'affronta à un "santon" venu d'Arabie, Sheekh Looboge, qui, sous le surnom de Martiile, "l'hôte", engendra plusieurs lignages de chefs religieux attachés à la confédération clanique des Hawiyye. Lorsque Sheekh Looboge se mit à marier les gens selon le rite islamique, dit la légende, la population locale se souleva contre Muruf Maaruf et pendit l'oppresseur, qui disparut sans laisser de descendance. Enfin, le pouvoir absolu qu'exerça l'*imaan* des Ajuuraan, un clan hawiyye qui, au quinzième siècle, édifia sur les bords du Shabeelle un véritable empire, s'accompagna apparemment de certains excès -

on parle notamment d'exercice du *jus primae noctis*- qu'Allah ne manqua pas de châtier : les Ajuuraan furent ainsi dispersés par d'autres clans hawiyye et leur *imaan* tué lors d'une embuscade; leurs lignages subsistent encore, essentiellement le long du Moyen Shabeelle et dans le nord-est du Kenya, mais seules quelques légendes attestent encore de leur puissance passée.

Les traditions orales des clans sédentaires de la Mésopotamie somalienne évoquent enfin les méfaits de quatre tyrans qui, à la tête du peuple des Lo' Madow[3], "ceux de la Vache Noire", règnaient au seizième siècle en Mésopotamie somalienne, dans la région des *inselberge* granitiques de Buur Hakaba, Buur Heybe et Buur Eeyle : Dibka Baarow, qui portait ainsi que ses guerriers des plumes d'autruche fichées dans le postérieur et faisait mettre à mort tous ceux qui s'étonnaient de cet accoutrement ou s'avisaient d'en rire; Obo Fayla 'Arow, qui conviait les voyageurs à de somptueux festins et faisait massacrer ses convives après leur avoir demandé s'ils étaient rassasiés; Umungaalle, dont on a semble-t-il oublié les hauts faits; et Geeddi Abaabow, un géant qui avait enseigné à ses sujets l'art de la chasse, exerçait lui aussi le droit de cuissage et faisait régner la terreur sur le peuple des Eelay[4]. Geeddi Abaabow fut vaincu par un certain Kuma qui, afin de protéger la virginité de sa soeur, s'était mis au service du tyran et était parvenu à gagner sa confiance. La veille du jour où sa soeur devait être livrée à Geeddi Abaabow, Kuma scia les dix arcs dont son maître avait coutume de se servir simultanément contre ses ennemis et, après avoir averti les Eelay, leur ouvrit les portes de sa forteresse. La légende veut qu'avant d'être mis à mort, Geeddi Abaabow s'adressa à la foule -où se trouvaient de nombreux serfs d'origine négroïde- et dit : "Que tous ceux qui ont la peau noire, les lèvres épaisses, le nez aplati, les cheveux crépus, des grandes mains, des grands pieds et une grande verge, sachent qu'ils sont ma descendance et que c'est mon sang qui coule dans leurs veines".

[1]C'est en 1624 qu'un missionnaire jésuite, le père Joao de Velasco, apprit lors d'un séjour à Pate et à Malindi, la nouvelle de la conquête de Mogadiscio, alors gouvernée par le sultan Faqr ed Diin, issu de la dynastie des Muzzafar, par des Somali du clan hawiyye des Darandoolle (cf. E. Cerulli, op. cit., vol. II, p. 249-250).

[2]J. W. C. Kirk, op. cit. (1904), p. 97, et supra, p. 39.

[3]Ce peuple est aujourd'hui identifié avec les Eeyle, une petite tribu de chasseurs d'origine partiellement pré-couchite (on trouve parmi eux quelques individus de type bochimanoïde) qui occupe la région de Buur Heybe; cf. égal. supra, p. 35.

[4]Etablis dans la région de l'entre-deux-fleuves autour de Buur Hakaba, les Eelay sont la tribu la plus puissante de la confédération clanique des Raxanweyn, "la Grande Troupe", elle-même issue de Sab, le cousin "roturier" du "noble" Samaale dont se réclament les clans somali nomades (Hawiyye, Isaaq, Daarood et Dir).

Le magicien

Le personnage de Maxamed Xaniif, que tous les Yibro considèrent comme leur ancêtre, ne repose que sur quelques légendes éparses et partiellement contradictoires. Certains récits identifient, comme on l'a vu, Maxamed Xaniif à Bu'ur Ba'ayr et font de lui un "roi" qui règna sur les populations du nord de la Somalie avant l'introduction de l'islam; d'autres en font un magicien ou un guérisseur. Son origine n'est pas davantage établie; il n'existe de lui aucune généalogie, pas même dans les traditions des Yibro. Selon certaines récits, il serait venu d'Egypte; selon d'autres, du Yémen; selon d'autres encore, il aurait été le fils d'un saint homme déjà établi dans le nord de la péninsule. De même, si la plupart des légendes font mourir Maxamed Xaniif près de Dogor, enfermé par 'Aw Barkhadle dans une butte, à une trentaine de kilomètres au nord-est de Hargeysa, quelques Yibro affirment qu'il serait mort à Harar, où se trouverait aujourd'hui sa tombe. Ce point n'a cependant pu être confirmé par les habitants de la ville que j'ai eu l'occasion d'interroger.

Selon une légende rapportée par Kirk[1], Maxamed Xaniif aurait eu une épouse, Hanifili (qu'on peut sans doute identifier à Xanfalay, le vent surnaturel qui accompagne les Yibro tout au long de leur vie) qui, elle aussi, serait morte à Harar. Enfin, c'est à Harar que se trouverait, on l'a vu, un bosquet d'arbres sacrés dont l'écorce servirait aux Yibro à confectionner leurs amulettes. Kirk se demandait du reste à ce propos si le fameux arbre "halimalah", un sycomore que Burton découvrit sur la piste qui relie Zeyla à la ville sainte de Harar, n'était pas l'un de ces arbres sacrés : "De l'avis des Somal, précisait Burton, cet arbre était un lieu de culte pour les infidèles, et il continue de jouir des honneurs qui lui étaient naguère prodigués; c'est là, sans doute afin de commémorer la progression de la tribu vers l'ouest que l'ugass ou chef coutumier des Gudabirsi reçoit son turban de tissu blanc, et c'est de là qu'il se rend à cheval dans la vallée de Harawwah afin d'y assister aux jeux équestres"[2].

A l'instar de Bu'ur Ba'ayr, Maxamed Xaniif incarne en tout cas de toute évidence la Somalie anté-islamique, même si l'arabe *hanîf*, qui signifie "adepte du Dieu unique et de la religion d'Abraham", est un anthroponyme répandu, traduit par "musulman, vrai croyant". Les talents qui lui sont communéments attribués, qu'il s'agisse de la divination ou, à un moindre degré, de l'utilisation des plantes qui guérissent ou qui empoisonnent, relèvent en effet de pratiques prohibées par l'enseignement du Coran. De même, les habitudes alimentaires des descendants de Maxamed Xaniif apparaissent, du moins dans l'esprit des Somali, comme la survivance d'une époque qui ignorait les préceptes coraniques en la matière; cette idée repose, nous l'avons vu, sur une conception erronée de l'enseignement coranique, qui ne prohibe pas plus la consommation de la tête et des entrailles des bêtes qu'il n'impose l'excision et l'infibulation. En ce sens, il apparaît tentant de voir dans le personnage de Maxamed Xaniif l'incarnation des populations établies dans la Corne de l'Afrique avant l'arrivée des Somali, et dans sa lutte avec 'Aw Barkhadle ou Sheekh Isaaq une allusion aux conflits qui opposèrent ces populations aux Somali et qui tournèrent bientôt à l'avantage de ces derniers.

Curieusement, aucune légende ne dit de Maxamed Xaniif qu'il était de la race des Dir, à laquelle appartiennent les clans somalophones qui, établis sur les côtes du nord de la péninsule, donnairent naissance à travers des alliances avec des immigrants venus d'Arabie aux puissantes confédérations claniques des Isaaq et des Daarood. Il n'est pas dit davantage que Maxamed Xaniif était issu du peuple oromo qui, comme on le sait, occupait une grande partie de la Corne de l'Afrique avant l'arrivée des Somali, et dont quelques descendants (Akisho, Warro Warro, etc.) vivent encore parmi les Isaaq dont ils sont devenus les "clients". Les légendes qui font de Maxamed Xaniif un immigrant venu de la péninsule arabique ou d'Egypte ne précisent pas, notons-le, qu'il était arabe. Peut-être faut-il déduire de cette omission que, n'appartenant pas à la tribu mecquoise des Qurayshites et n'étant aucunement apparenté au Prophète, son origine ne méritait pas d'être précisée. Il paraît en tout cas difficile d'attribuer à Maxamed Xaniif, dont le nom est indéniablement arabe, des origines juives comme on a pu le faire pour Bu'ur Ba'ayr et pour Muruf Maaruf, dont les noms étranges suggèrent précisement une origine non arabe.

Il convient d'admettre en tout cas que les détails qui entourent l'identité et la vie de Maxamed Xaniif sont trop imprécis, en l'état actuel de nos connaissances, pour dissiper le mystère qui continue d'entourer l'origine des Yibro. Tout au plus peut-on affirmer, sans trop de risque d'erreur, que, contrairement aux autres *sab/bon*, qu'il s'agisse des chasseurs midgo ou des forgerons tumaallo, les ancêtres des Yibro étaient originaires du nord de la péninsule.

---

[1] J. W. C. Kirk, op. cit. (1904), p. 100-101.
[2] R. Burton, op. cit., vol. II, p. 143.

Le père des clans Isaaq

Comme on l'a vu, certains des récits qui décrivent la manière dont Maxamed Xaniif fut défait font intervenir, non pas 'Aw Barkhadle, mais Sheekh Isaaq, l'ancêtre éponyme des clans somali qui occupent toute la partie centrale du "Somaliland" autoproclamé, autour des villes de Hargeysa, Berbera et Bur'o. A l'instar de Maxamed Xaniif et de tous les ancêtres mythiques dont se réclament les Somali, le personnage de Sheekh Isaaq se situe semble-t-il entre la légende et l'histoire.

Selon les généalogies les plus répandues, Isaaq était le fils de Aḥmad, fils de Muḥammad, fils de Ḥusayn, fils de 'Ali, fils de Mutahîr, fils de 'Abdullâhi, fils de Ayyûb, fils de Muḥammad, fils de Qâsim, fils de Aḥmad, fils de 'Ali, fils de 'Ise, fils de Yaḥye Mutaqi, fils de Muḥammad al Jawâd, fils de 'Ali al Ridâ, fils de Mûsa al Kâdim, fils de Ja'far al Sâdîq, fils de Muḥammad al Bâfir, fils de 'Ali Zeyn al Abidayn, fils de l'Imâm Ḥusayn Sibti Rasulullâhi, fils de 'Ali bin Abu Tâlib, lequel épousa Fâtuma, la fille du Prophète. le grand-père de Sheekh Isaaq, Muḥammad bin Ḥusayn, aurait émigré d'Iraq en l'an 498 de l'Hégire, soit en 1120 de notre ère, pour s'installer avec toute sa famille à Médine, où il mourut en 505. Ses enfants se dispersèrent : les uns partirent en Egypte avec leur mère, les autres dans le Hijâz; Aḥmed s'établit dans le Hadramawt au Yémen avec deux de ses frères et leur mère, Atika bintu 'Ali bin Muḥammad bin 'Ali, qui était la troisième épouse de Muḥammad bin Ḥusayn[1].

Isaaq bin Aḥmad bin Muḥammad eut, dit-on, un rêve, dans lequel Allah lui apparut et lui ordonna de répandre l'islam au-delà des mers. C'est ainsi qu'il traversa le golfe d'Aden, voguant, si l'on en croit la légende, sur son tapis de prière. Alors que toutes les traditions s'accordent pour faire de Sheekh Isaaq un immigrant venu du Hadramawt ou, selon certaines sources, de la Mecque, elles divergent sur la date de son arrivée sur les côtes de Somalie septentrionale : pour Robecchi-Brichetti[2], Sheekh Isaaq serait arrivé au début du treizième siècle de notre ère; pour Hunt[3] et Shariif 'Aydaruus[4], sa venue remonte également au treizième siècle; enfin, Burton[5] et Drake-Brockman[6] la situent au quinzième siècle, soit bien après l'arrivée en Somalie de Sheekh Daarood.

Quoi qu'il en soit, la légende veut qu'après avoir traversé l'Egypte, le Soudan et l'Erythrée, Sheekh Isaaq qui, d'après les traditions, était accompagné par quarante-quatre "saints", débarqua à Seela' (Zeyla), où il trouva des populations "idolâtres", qui étaient soit des Oromo (dont on sait que, quoique très affaiblis, ils occupaient encore la région de Hargeysa au douzième siècle), soit des Somali de la confédération des Dir. Selon certains récits, les habitants de la côte étaient gouvernés par deux sultans, Berber à Berbera et Soomaal à Ayk. Après avoir répandu pendant plus de dix années le message du Coran, Sheekh Isaaq se rendit à Harar, où enseignait encore 'Aw Barkhadle. Songeant à la prophétie selon laquelle l'un des deux santons aurait une nombreuse descendance alors que l'autre mourrait sans enfants mâles, et craignant que 'Aw Barkhadle, en apprenant sa présence, ne sollicite les faveurs d'Allah en invoquant son âge avancé, Sheekh Isaaq se garda bien de se faire reconnaître. Il quitta Harar pour se rendre à la Mecque, puis y revint après la mort de 'Aw Barkhadle.

De Harar, Sheekh Isaaq repartit pour le nord de la péninsule et se mit à longer les côtes, de village en village et de campement en campement. Chaque fois qu'il s'arrêtait pour enseigner, il plantait sa lance dans le sol, car Allah lui avait prédit qu'il fonderait une nouvelle race là où il ne pourrait plus retirer sa lance du sol. Lorsqu'il arriva à Maydh, âgé de près de cent ans, il sut, voyant qu'il ne pouvait retirer sa lance du sol, qu'il était arrivé au terme de ses pérégrinations. Il convertit à l'islam les populations locales, construisit une mosquée et développa les échanges commerciaux avec l'Arabie. C'est alors qu'un groupe d'hommes forma le projet de le tuer; peut-être convient-il de placer ici l'épisode du conflit qui opposa le cheikh venu d'Arabie à l'ancêtre des Yibro. Toujours est-il qu'un certain Jibrahiil, averti des funestes projets des ennemis de Sheekh Isaaq, conseilla à celui-ci de s'allier au lignage souverain de la région, et de demander en mariage l'une des filles du sultan Magaadle, fils de Xanaftire, fils de Mahe, fils de Dir. séduit par la belle prestance du cheikh venu d'Arabie et flairant un bon parti, Magaadle consentit à donner à Sheekh Isaaq sa fille Magaado en mariage.

Aucun fils ne vint cependant bénir cette union, et Sheekh Isaaq se résolut à prendre pour épouse une esclave abyssine du nom de Xaniifa. Celle-ci ne tarda pas à lui donner quatre fils, dont les descendants sont aujourd'hui appelés *Habar Xabuusheed*, "les fils de l'Abyssine" : Axmed, surnommé Tolje'lo, "celui qui aime ses agnats", Muuse, surnommé Habar Je'lo, "celui qui aime son lignage maternel", Ibraahim, surnommé Sambuur, "celui dont le nez est comme une montagne", et Maxamed, dit 'Ibraan ou 'Imraan, "qu'il vive longtemps". C'est alors que, contre toute attente, Magaado se trouva enceinte et, tour à tour, donna à Sheekh Isaaq quatre autres descendants mâles, dont les lignages sont rassemblés sous le nom de *Habar Magaadle* : deux jumeaux tout d'abord, Ismaa'iil, dit Garxajis, et Axmed, dit Arab, puis 'Abduraxmaan, dit Awal, et, finalement, Ayyuub. Sheekh Isaaq survécut à sa femme et, selon les traditions, mourut à Maydh à l'âge vénérable de 185 ans[7].

De ce récit hagiographique n'émerge, à vrai dire, aucune certitude; les Isaaq eux-mêmes font parfois observer que le pélerinage sur la tombe de leur ancêtre éponyme, à Maydh, est très récent et qu'au-delà des ancêtres que la légende dit issus de Sheekh Isaaq et de ses deux épouses, leurs généalogies n'ont plus aucun caractère historique.

---

[1]Cf. 'Abdi Xasan Qole, cité par Abdi Mohamed Abdi, op. cit., vol. II, p. 496.
[2]Robecchi-Brichetti, op. cit., p. 378.
[3]J. A. Hunt, *A General Survey of the Somaliland Protectorate*, 1944-50 (Londres, 1951), p. 151.
[4]Sharif 'Aydruss, *Bed i al amal fi tarikh al Somal* (Mogadiscio, 1954), p. 288-89.
[5] Burton, op. cit., vol. I, p. 73.

[6]Drake-Brockman, op. cit., p. 19.

[7]Pour ces détails, v. Margaret Laurence, *A Tree for Poverty, Somali poetry and Prose* (Nairobi, 1954), p. 143-146.

Yuusuf des Mondes

Si l'historicité de Maxamed Xaniif et de Sheekh Isaaq n'est pas formellement établie, Shariif Yuusuf al Kawneyn, dit 'Aw Barkhadle, a indéniablement existé comme en témoignent du reste plusieurs sources écrites.

Selon son hagiographie, pieusement entretenue par les cheikhs qui gardent sa tombe, Shariif Yuusuf est le fils de Aḥmad, fils de Muḥammad, fils de 'Abdillâhi, fils de Ismâ'îl, fils de Mûsa, fils de Ḥusayn, fils de 'Ali, fils de Ḥamza, fils de Qâsim, fils de Yaḥya, fils de Ḥusayn, fils de Aḥmad, fils de Quwayi, fils de Yaḥya, fils de 'Ise, fils de Muḥammad, fils de Taqi al-Hadrama, fils de 'Abdul, fils de Hadi, fils de Muḥammad, fils de 'Ali, fils de Mûsa, fils de Ja'far, fils de Muḥammad, fils de 'Ali, fils de Ḥassan 'Ali Tâlib. D'autres récits font de 'Aw Barkhadle le fils de Ḥusayn, issu du mariage de 'Ali bin Abu Tâlib et de Fatima Rasûl, la fille du Prophète[1]. Les traditions sont donc unanimes pour le considérer, à l'instar de la plupart des immigrants venus d'Arabie, comme un Mecquois issu, comme le Prophète lui-même, du clan des Quraysh.

Lorsque le Prophète sentit sa mort prochaine, dit la légende[2], il fit venir à lui l'un de ses compagnons, 'Ammar bin Yâsir, et lui annonça la venue d'un prophète qui serait issu de son sang et qui serait surnommé Kawneyn, "les Mondes". Celui-ci naîtrait en l'an 666 de l'Hégire (soit 1266-67 de notre ère) et recevrait en héritage sa propre tunique, l'anneau de Salomon, le bâton de Moïse et une pierre sacrée. "Tu le rencontreras à Bagdad, annonça le Prophète à 'Ammar, un certain vendredi entre midi et le coucher du soleil, chevauchant une chamelle et portant un récipient à lait. Lorsque tu le rencontreras, poursuivit le Prophète, tu lui rendras son salut et tu lui remettras les reliques dont tu avais la garde; l'heure sera venue pourt toi de quitter ce monde". Quant à 'Aw Barkhadle, précisa le Prophète, il irait au pays des *Barabir*[3], qui lui seraient tout d'abord hostiles mais qu'il guiderait dans la voie d'Allah. C'est dans ce pays qu'il mourrait et serait enterré, après avoir réalisé de nombreux miracles.

La prophétie se réalisa. Shariif Yuusuf, que les Somali connaissent sous les sobriquets de Yuusuf al Ikhwan, "Yuusuf des Frères", Yuusuf al Kawneyn, "Yuusuf des Mondes", Yuusuf al Baghdaadi, "Yuusuf de Bagdad", ou tout simplement 'Aw Barkhadle, "le béni"[4], arriva tout d'abord dans la région de Mogadiscio. De là, il se rendit dans la région de Baydhowa, occupée par des clans somali sédentaires issus de Sab, les Raxanweyn, dont les traditions orales mentionnent Yuusuf al Kawneyn sous le nom de *Konton Barkhadle*, "Cinquante Fois Béni". Lorsqu'il commença à enseigner, entouré de ses nombreux élèves et disciples, il se heurta à l'hostilité d'un chef oromo animiste du nom de Qanana, qui lui demanda pour quelle raison il était venu. "Je suis venu ici pour répandre l'enseignement de l'islam", répondit Shariif Yuusuf. "Dans ce cas, dit alors Qanana, il te faudra me donner la preuve de tes pouvoirs". "Tes soldats sont plus nombreux que les miens et mieux équipés en armes, rétorqua l'autre; c'est donc à toi qu'il appartient en premier de me faire la démonstration de tes pouvoirs". Qanana traversa alors une montagne à deux reprises. A la troisième tentative, Shariif Yuusuf récita la sourate *al Yâsin* et l'enferma dans la montagne, dont il ne ressortit jamais.

Ayant vaincu de la sorte Qanana, le "Cinquante Fois Béni" continua d'enseigner. L'un de ses disciples, Sheekh Maxamed, issu du clan des Gardheere, avait l'habitude de distribuer chaque jour aux autres élèves de Shariif Yuusuf un peu de nourriture et des grains de café grillé qu'ils se partageaient; or, chaque jour, l'un des disciples de Shariif Yuusuf mourait. C'est alors Sheekh Maxamed eut l'idée de demander à ses compagnons de laisser après chaque repas quelque nourriture pour Konton Barkhadle. Celui-ci s'en réjouit et donna à Maxamed le sobriquet de *Qiyyaasje'ele*, "celui qui aime mesurer (partager)". Dès lors, les décès cessèrent et l'habitude se prit chez les clans somali de l'entre-deux-fleuves de toujours laisser après le repas un peu de nourriture pour le saint.

'Aw Barkhadle, auquel on attribue l'introduction en Somalie des mouton à tête noire et à queue grasse, ainsi que l'invention d'une méthode mnémotechnique destinée à faciliter l'apprentissage de l'arabe[5], demeura un siècle parmi les Raxanweyn, puis il se rendit dans la province éthiopienne du Choa. De là, il gagna la cité sainte de Harar. Selon certains récits, il y rencontra Sheekh Isaaq, et lui prédit qu'il aurait une nombreuse descendance; comme lui-même mourrait cependant sans héritiers, les descendants de Sheekh Isaaq feraient chaque année des offrandes (*siyyaaro*) sur sa tombe. Selon une autre version de la légende, le Prophète annonça que, des deux saints, l'un aurait une nombreuse descendance alors que l'autre mourrait sans héritier; craignant que 'Aw Barkhadle, déjà très âgé, ne sollicite pour lui-même la faveur divine en apprenant l'arrivée à Harar de Sheekh Isaaq, celui-ci s'abstint de le rencontrer. Toujours est-il qu'après Harar, où il demeura plusieurs années, Shariif Yuusuf partit répandre le message du Coran dans les régions peuplées de Somali. Il enseigna quelque temps à Qoraanyale près de Boorama, où un cénotaphe a été érigé à sa mémoire. De Boorama, il se rendit dans la région de l'actuelle Hargeysa, où vivaient des peuples animistes qu'il entreprit de convertir. C'est à cette époque que se situe l'épisode de son conflit avec Maxamed Xaniif-Bu'ur Ba'ayr.

Ayant décidé de mettre un terme à ses pérégrinations, le vieux cheikh, alors chargé d'ans, fit construire une mosquée à Dogor, à cinq heures de marche au nord-est de Hargeysa, au bord du lit à sec du Tog Maroodijeex. Il prit une épouse, qui lui donna une fille; celle-ci mourut à l'âge de quatre ans, le laissant sans descendance, conformément à la prophétie[6]. Lui-même mourut peu de temps après, âgé, dit la légende, de 500 ans. Sa tombe, qui se trouve à Dogor, est un lieu de pélerinage très fréquenté par les Somali, notamment lors de la fête célébrée tous les ans le premier vendredi (le *jim'a Barkhadle*) de la lune noire du mois musulman de *jum'ada al awwal*. Certains Somali croient que l'imâm caché qui doit un jour conduire tous les Musulmans à la victoire apparaîtra sur la tombe du saint, où sont conservées un certain nombre de reliques : un vieux Coran dont on dit qu'il a été écrit de la propre main de Shariif Yuusuf, et un fragment de son lit, qui passe pour guérir de la stérilité et préserver des fausses couches.

'Aw Barkhadle figure, il convient de le noter, parmi les ancêtres des souverains de la dynastie des Walashma', qui régna sur l'Etat musulman d'Ifât, établi au Moyen-Age dans la vallée de l'Awash, une rivière qui prend sa source dans la vallée du Rift et parcourt dans sa longueur la dépression danakil où nomadisent aujourd'hui les Afar. I. M. Lewis découvrit en effet à Boorama en 1956 une liste des "Souverains du Pays de Sa'ad ad Dîn"[7], laquelle évoque l'"arrivée au pouvoir de 'Umar, fils de Dunyahur, fils de Ahmad, fils de Muhammad, fils de Hâmid, fils de Shaykh Yûsuf al Ikhwan, surnommé "Barkhadle", fils de Muhammad, fils de 'Abdillâhi, fils de Sa'ûd, fils de 'Ali, fils de Muhammad, fils de Ismâ'îl, fils de Yahyia al Qurayshi al Hashîmi, un descendant de Hassan, fils de 'Ali fils de Abi Tâlib, qu'Allah le bénisse". Cette généalogie permet, si l'on admet que le règne de 'Umar bin Dunyahur (ou, selon certaines sources, Dunyahuz) prit fin en l'an 687 de l'Hégire, de situer à la fin du douzième siècle l'existence de Shariif Yuusuf.

---

[1]V. Margaret Laurence, op. cit., p. 138-143.

[2]Tous les détails relatifs à la vie du Saint ont été recueillis par I. M. Lewis et publiés sous le titre *Sharif Yusuf Barkhadle : the Blessed Saint of Somaliland*, in: *The Proceedings of the Third International Conference of Ethiopian Studies* (Addis Abeba, 1966), tome I, p. 75-81.

[3]D'origine onomatopéique et signifiant "ceux qui balbutient", le terme *barabir*, dont on trouve des équivalents en grec et en latin, désignait pour les Arabes les habitants des côtes de l'Afrique; ces *barabir* de Somalie du nord ont donné leur nom au port de Berbera.

[4]*'Aw* ou *aw* est en somali un titre honorifique dont on fait précéder le nom des chefs religieux; *barako*, terme issu de l'arabe, désigne la "bénédiction divine".

[5]Cf. I. M. Lewis, *The Gadabuursi Somali Script*, in : *Bulletin of the School of Oriental and African Studies*, XXI/1, p. 134-156.

[6]Les membres du clan somali hawiyye des Sheekhaal, composé de chefs religieux, se disent cependant issus de l'union entre un cheikh arabe, Fiqi 'Umar

(lui-même descendant du Calife Abu Bakr as Saddîq, beau-père de Mahomet) et de la fille de 'Aw Barkhadle, une certaine Faadumo (ou Zanabo) Mahdiyo.

[7]I. M. Lewis, *Sharif Yusuf Barkhadle : the Blessed Saint of Somaliland* , op. cit., p. 77; pour l'histoire de la dynastie des Walashma', v. égal. E. Cerulli, *Il Sultanato dello Scioa nel secolo XIII secondo un nuovo documento storico*, in *: Rivista dei Studi Etiopici* (1941).

LE MYTHE DES ORIGINES JUIVES

Bakayle inta u bur ku jiro
ayuu bur kale daydaa
Alors qu'il se cache dans une touffe d'herbe
le lapin cherche déjà sa prochaine cachette

Le judaïsme en Ethiopie

Beaucoup de Yibro se réclament d'une origine juive ou, du moins, affirment que leur ancêtre, Maxamed Xaniif, était d'origine juive. Avant de procéder à l'examen de cette croyance, dont il convient de préciser d'emblée qu'elle semble n'avoir été mentionnée pour la première fois qu'au début des années soixante, on peut observer que le judaïsme est loin d'être un inconnu dans la Corne de l'Afrique. Les mythes fondateurs de l'empire chrétien d'Ethiopie font en effet des empereurs abyssins les descendants directs de Salomon, et la religion des Chrétiens monophysites d'Ethiopie comporte des éléments qui ont longtemps été attribués à des influences directes du judaïsme. Les civilisations nomades qui, comme celle des Somali, se sont développées en marge des frontières orientales de l'Abyssinie historique, comportent également quelques traits qu'on pourrait être tenté d'attribuer à ces mêmes influences. Par ailleurs, on trouve dans toute la Corne de l'Afrique des peuples qui pourraient attester de la présence ancienne de communautés juives dans cette partie du monde, soit qu'on les ait tenus pour d'authentiques Juifs (c'est le cas des célèbres Fälasha dont il sera question plus loin), soit que leur religion comporte des rites apparemment issus du judaïsme (ainsi pour les Qemant, une petite tribu de langue couchitique établie au nord du lac Tana), soit enfin que les traditions populaires leur attribuent des origines juives (comme les Gafat de la vallée du Nil Bleu, les Jiiddu de la moyenne vallée du fleuve Shabeelle et les Arabo-Somali Haatin dont on trouve les descendants dans les cités portuaires de Mogadiscio, Merka et Baraawe).

La religion pratiquée par plus de 80 % des 33 millions de Chrétiens d'Abyssinie, qui incarne avec celle des Coptes d'Egypte la version non chalcédonienne du christianisme orthodoxe[1], présente ainsi un certain nombre de particularités qui ont de tout temps frappé les observateurs étrangers. Certains d'entre eux, comme l'Oratorien Richard Simon[2], y ont vu des usages directement tirés de l'Ancien Testament; d'autres, longtemps plus nombreux, ont tout simplement attribué à des "superstitions judaïques" la célébration du sabbat, la circoncision, l'observation de nombreux interdits alimentaires et de règles de pureté rituelle, et la présence, dans le "saint des saints" des églises, d'une planchette qui, appelée *tabot*, n'est autre qu'un symbole de l'Arche d'Alliance. Lorsque, dans le courant des dix-neuvième et vingtième siècles, des études scientifiques ont permis de dater l'introduction de certains usages et par conséquent d'avoir une idée plus précise de leurs origines, deux thèses se sont affrontées : celle d'une Ethiopie profondément judaïsée avant l'introduction du christianisme, et celle d'une Ethiopie dont la religion aurait subi, bien après la christianisation du royaume d'Aksum, l'influence conjuguée d'un certain nombre de facteurs (survivance d'anciennes coutumes païennes, retour aux canons de l'Ancien Testament, prosélytisme de sectes judéo-chrétiennes).

Selon la première thèse, défendue par les Ethiopiens eux-mêmes et entretenue par des chercheurs comme Edward Ullendorf et K. Wendt, l'Ethiopie aurait été judaïsée dès le dixième siècle avant notre ère, lors du retour de Jérusalem de Ménélik 1er, fils légendaire de Makeda, la Reine de Saba, et du roi Salomon. Cette tradition très connue, dont ont trouve des échos aussi bien dans la Bible que dans le Coran, et qui a nourri le mythe fondateur de l'Ethiopie, était déjà répandue en Abyssinie au début du treizième siècle de notre ère, à l'époque où l'historien arménien de langue arabe Abu Sâlih rédigeait son ouvrage sur "les Eglises et monastères de l'Egypte et de quelques pays voisins". Elle a été fixée en Ethiopie sous sa forme définitive dans le *Käbrä Nägäst*, la "Gloire des Rois", un ouvrage rédigé entre 1314 et 1322 dans le but de conforter la légitimité des descendants de l'empereur Yekuno Amlak qui, se réclamant du lignage salomonide, avait renversé en 1270 la dynastie usurpatrice des Zagwé. Le *Käbrä Nägäst* décrit la manière dont Baynä Lehkem (ou Ebnä Hakim), fruit des amours de la Reine de Saba et du Roi Salomon, se rendit en Israël afin de s'y faire reconnaître par son père, puis retourna en Ethiopie -où il fut couronné roi sous le nom de Ménélik 1er- avec tous les premiers-nés des grandes familles d'Israël, lesquels emportèrent avec eux la véritable Arche d'Alliance et n'en laissèrent à Jérusalem qu'une copie. Les Chrétiens d'Ethiopie, qui affirment que l'Arche d'Alliance est aujourd'hui conservée dans le "Saint des Saints" de l'église Sainte-Marie de Sion d'Aksum, trouvent dans cette glorieuse légende de bonnes raisons de se considérer comme de véritables Juifs, des Juifs élus entre tous puisque, contrairement aux autres, ils ont reconnu le Christ.

Selon la seconde thèse, qui a gagné du terrain à partir du début du siècle à la faveur des investigations historiques effectuées par des chercheurs enfin affranchis de toute arrière-pensée religieuse, les particularismes de l'église orthodoxe d'Ethiopie résulteraient, non pas de l'influence du judaïsme salomonien, mais bien plutôt de la survivance de rites païens, comme la circoncision que pratiquent tous les peuples couchitiques[3], de réformes religieuses imposées par certains empereurs -notamment Zär'ä Ya'qob au quinzième siècle- pour restaurer des usages et des coutumes fixées dans les canons de l'Ancien Testament[4], et enfin du prosélytisme de certaines communautrés judéo-chrétiennes d'Arabie du sud. Certes, comme l'a justement observé Maxime Rodinson[5], ces influences idéologiques juives ou judéo-chrétiennes ne semblent pas dispenser de supposer la présence réelle en Ethiopie de quelques Juifs venus d'Arabie du Sud ou d'Egypte, auxquels on doit très certainement les emprunts faits par le guèze, la langue liturgique de l'église orthodoxe d'Abyssinie, à l'hébreu ou au judéo-araméen[6]. Elles se seraient cependant exercées pour l'essentiel à la faveur d'un phénomène dont on retrouve des manifestations au sein de nombreuses communautés chrétiennes, par exemple chez les Sabbatistes : l'imitation d'Israël, notamment à travers l'observance de pratique vétéro-testamentaires. Un tel phénomène aurait fort bien pu être alimenté par des actions de prosélytisme émanant des communautés juives d'Arabie du Sud.

M. Rodinson, qui confiait à des études utltérieures le soin de règler de manière plus complète ce problème historique, avait conclu son étude en soulignant deux points[7] : "En premier lieu, l'argument des moeurs judaïsantes (qui devraient être étudiées l'une après l'autre avec le souci de préciser au maximum les dates probables d'apparition historique de chacune) ne conduit pas forcément à une explication unilatérale. En second lieu, rien jusqu'ici ne démontre une immigration importante de Juifs à quelque époque que ce soit, non plus qu'une judaïsation massive de l'Ethiopie antérieure à la christianisation".

C'est à la lumière de ces remarques qu'il convient d'aborder la question des célèbres "Juifs d'Ethiopie" ou Fälasha.

---

[1]Les orthodoxes coptes (d'Egypte et d'Ethiopie), arméniens et syriens suivent la doctrine "monophysite" d'Eutychès (378-453), qui affirme que la nature divine de Jésus a absorbé sa nature humaine, et qui fut condamnée en 451 lors du Concile de Chalcédoine; c'est la raison pour lquelle l'église orthodoxe d'Ethiopie est parfois qualifiée de "non-chalcédonienne".

[2]Cf. Richard de Moni (ou Simon), *Histoire critique de la créance et des coutumes des nations du Levant* (Francfort, 1684).

[3]Le propos avait déjà été développé par l'empereur Gälawdéwos qui, dans son argumentaire connu sous le nom de "Confession de Claude", répondait en 1555 aux accusations de judaïsme portées contre sa religion par les missionnaires portugais.

[4]Ernst Hammerschmitt parle également de "conservation d'anciennes coutumes chrétiennes" (*Jewish Elements in the Cult of the Ethipian Church*, in : *Journal of Ethiopian Studies*, vol. III, n°2, p. 1-12).

[5]Maxime Rodinson, *Sur la question des "influences juives" en Ethiopie*, in : *Journal of Semitic Studies*, vol. IX, N° 1 (1964), p. 16-17.

[6]Pour ces éléments, v. E. Ullendorf, *Hebraic-Jewish Elements in Abyssinian (monophysite) Christianity*, in : *Journal of Semitic Studies*, vol. I (1956), p. 216-56.

[7]M. Rodinson, op. cit., p. 19.

Les Fils du Roi Salomon

Il est peu de communautés qui, en Afrique, ont mobilisé plus d'attention que les célèbres Fälasha ou "Juifs d'Ethiopie", auxquels de nombreuses études ont été consacrées et dont les origines ont fait l'objet de théories d'autant plus nombreuses qu'elles n'ont que rarement été forgées par des raisonnements de nature exclusivement scientifique[1].

Après les écrits de voyageurs juifs comme Eldad Had-dani (9ème siècle) et Benjamin de Tudèle qui, au douzième siècle, évoqua la présence en "Inde" (c'est-à-dire en Ethiopie) de Juifs qui possédaient des villes et des châteaux dans les montagnes et se battaient contre les Chrétiens, le recueil des "glorieuses victoires de 'Amdä Tseyon, roi d'Ethiopie", qui régna de 1314 à 1344 contient, sans les nommer expressément, la première mention des Fälasha qui ait quelque valeur historique. Ce texte précise en effet qu'"il (le roi 'Amdä Tseyon) envoya alors d'autres troupes, celles appelées Damot, Säqält, Gondär et Hädya, cavaliers et fantassins, puissants et rompus à l'art de la guerre, d'une vigueur sans égale au combat; il envoya leur commandant Tsäga Krestos en Bägémder afin qu'il portât la guerre au pays des renégats qui sont comme des Juifs, qui crucifièrent le Christ, du Sämén et du Wäggära et du Tsälämt et du Tsägädé, qui avaient jadis été des Chrétiens. Parce que, comme des Juifs, qui crucifièrent le Christ, ils niaient le Christ, il envoya des troupes afin de les détruire et de les anéantir et de les soumettre à la loi du Christ"[2]. Un siècle plus tard, l'empereur Yeshaq (1413-1430), qui eut également maille à partir avec ces "renégats", fit publia un décret en vertu duquel "tout individu baptisé dans la religion chrétienne aura le droit d'hériter de la terre de son père; dans le cas contraire, il sera un *fälasi*[3]". Les empereurs Zär'ä Ya'qob (1434-1468) et Lebnä Dengel (1508-40) continuèrent de se battre contre les Fälasha, sans parvenir toutefois à les réduire.

Privés d'une partie croissante de leurs droits, les Fälasha, qui se donnent à eux même le nom de *Bétä Israél*, "Maison d'Israël", n'en virent pas moins leur situation se détériorer à partir du quinzième siècle. Beaucoup d'entre eux se convertirent au christianisme; d'autres se réfugièrent dans les régions montagneuses qui s'étendent au nord du lac Tana ou devinrent de simples métayers. C'est à cette époque qu'ils commencèrent à se consacrer pour survivre à des artisanats déconsidérés et mal rémunérés qui, tels que la poterie, la ferronerie ou le tissage, les confina dans un statut d'infériorité et leur valurent d'être tenus pour des porteurs de mauvais oeil (*buda*) et des lycanthropes qui, à la nuit tombée, se transforment en hyènes pour dévorer les passants attardés. Vers le seizième siècle, alors que l'empire abyssin se trouvait aux prises avec la guerre de conquête lancée par un chef de guerre musulman, l'imâm Ibrahim al Ghazi, dit "le Gaucher", les Fälasha apparaissaient de plus en plus fréquemment dans les chroniques de l'époque comme un groupe distinct, identifié par des coutumes propres et politiquement autonome. Shihâb ed Dîn, auteur de la "Conquête de l'Abyssinie", notait ainsi vers 1540 que "le Sämén était possédé par les Juifs d'Abyssinie qui s'appellent en leur langue Fäläsha. Ils reconnaissent un Dieu unique, mais c'est tout ce qu'ils ont en fait de foi; ils n'ont ni prophètes, ni saints"[4].

C'est à l'issue de violents combats que l'empereur Särtsä Dengel (1563-97) parvint à infliger une défaite aux Fälasha et à leur roi, un certain Rada'i. En tuant leur roi Gédéwon qui, avec d'autres princes, s'était rebellé contre lui, l'empereur Susneyos (1607-1632) mit à jamais un terme à l'indépendance des Fälasha. Lorsque l'empereur Fasilädäs (1632-1667) établit sa capitale à Gondär, au nord du lac Tana, les Fälasha se trouvèrent exposés plus que jamais à l'"amharisation". Leurs terres furent confisquées, et nombre d'entre eux furent christianisés de force ou vendus comme esclaves. Si la période gondarienne apporta tout de même aux artisans fälasha quelque prospérité, le *mäsafent* ou "Temps des Princes" qui, à partir de 1769, marqua un effondrement du pouvoir central, ne leur fut guère propice. Alors même que l'ouvrage de James Bruce, publié à Edimbourg en 1790[5], faisait connaître au monde occidental leur existence, les Fälasha continuaient d'être dépossédés de leurs terres et marginalisés.

L'intérêt que portèrent à partir de 1867 aux Fälasha de nombreux intellectuels juifs contribua à ouvrir les *Bétä Israél* au monde extérieur. Craignant d'être convertis de force par des missionnaires protestants et voyant en l'empereur Téwodoros (1855-1868) le messie annoncé par leurs prophètes, les Fälasha se mirent en tête d'émigrer à Jérusalem; mal préparés à ce long voyage, ils n'allèrent guère plus loin cependant que le Tigray, où la plupart d'entre eux moururent de faim et de soif. Les missionnaires de l'Alliance Israélite Universelle entreprirent ensuite de rapprocher la religion des *Bétä Israél* du judaïsme "normatif"; les contacts avec les Juifs se multiplièrent, dynamisés à partir de 1948 par la création de l'Etat d'Israël. Ce n'est cependant qu'en 1973, à l'issue de houleux débats, que le rabbinat israélien accepta enfin de reconnaître les Fälasha comme des Juifs; en avril 1975, un comité interministériel de l'Etat d'Israël fit d'eux les bénéficiaires potentiels de la loi du retour.

Les Fälasha qui, à la fin des années soixante-dix, étaient environ 35.000 (auxquels ils convient d'ajouter entre 30 et 100.000 descendants christianisés des Fälasha, appellés en Israël "Falash Mura"), ne bénéficièrent cependant qu'à partir de 1977 de cette mesure. Les deux grandes opérations de rapatriement qui furent organisées par Israël, "Moïse" ou "Tapis Volant" de novembre 1984 à mars 1985, et "Salomon" en 1991, à la chute du régime marxiste-léniniste du *Derg*, permirent de rapatrier la quasi totalité des Fälasha d'Ethiopie. Selon le recensement de 1994, il ne restait en Ethiopie que 2300 Fälasha : 127 à peine étaient restés dans leur région d'origine, dans le petit village de Wälläka, à une demi-heure de marche au nord de Gondär; 2000 d'entre eux se trouvaient à Addis Abeba, établis, dans l'attente d'une émigration prochaine, dans les quartiers voisins de l'ambassade d'Israël.

---

[1]Pour plus de détails, le lecteur se rapportera à J. M. Flad, *The Falashas (Jews) of Abyssinia* (Londres, 1869); J. Halévy, *Excursions chez les Falachas en Abyssinie*,

in : *Bulletin de la Société de Géographie*, vol. XVII, 1869; C. Rathjens, *Die Juden in Abessinien* (Hambourg, 1921); Wolf Leslau, *Falasha Anthology* (New Haven, 1951) et *Coutumes et Croyances des Falashas (Juifs d'Abyssinie), Travaux et Mémoires de l'Institut d'Ethnologie*, vol. LXI (Paris, 1957); William A. Shack, *The Central Ethiopians* (Londres, 1974); Daniel Friedman, *Les Enfants de la Reine de Saba* (Paris, 1994).

[2]*The Glorious Victories of 'Amda Tseyon, King of Ethiopia*, traduit et édité par G. W. B. Huntingford (Oxford, 1964), p. 61-62.

[3]Selon certain auteurs, c'est de ce terme, issu d'une racine guèze *fälläsä* signifiant "émigrer, s'exiler", que provient le nom des Fälasha.

[4]Shihâb ed Dîn, *Histoire de la Conquête de l'Abyssinie*, traduction René Basset (Paris, 1897), p. 456-457.

[5]J. Bruce, *Travels to Discover the Sources of the Nile* (Edimbourg, 1790 et 1813).

Des Couchites judaïsés?

Outre l'amharique, les Fälasha parlaient, jusque dans les années soixante, des dialectes couchitiques du groupe central ou "Agew", comme le *qwarasa* à l'ouest du lac Tana et le *kaylenya* au nord du lac. Il ne reste plus aujourd'hui du couchitique central, parlé à travers tout les hauts plateaux abyssins avant l'invasion sémite, que quelques enclaves dans les régions montagneuses du pays amhara : celle des *Awngi* entre Dangla et la vallée du Nil Bleu, celle des *Khamir* au sud de Seqota, celle des *Kumfel* près des sources de la rivière Dinder, celle des *Qemant* au nord d'Aykel, celle des *Khamta* au nord du Tsällari et celle des *Wäyt'o* au sud du lac Tana, ces deux dernières aujourd'hui submergées par l'amharique. Les peuples de langue agew, qui résistèrent longtemps au pouvoir abyssin et donnèrent à l'Ethiopie la dynastie usurpatrice des Zagwé (1150-1270), appellent les Fälasha *Kayla*, terme qui signifie "celui qui ne traverse pas la mer".

A l'instar des croyances professées par un certain nombre d'autres peuples d'Ethiopie (ainsi les Qemant et les Gafat), la religion des Fälasha, qui a de toute évidence évolué dans le courant des siècles, présentait lorsqu'elle fut étudiée pour la première fois par des voyageurs occidentaux un certain nombre d'éléments communs au judaïsme et au christianisme orthodoxe non chalcédonien, associés d'ailleurs à quelques coutumes probablement issues du paganisme pan-couchite. La littérature religieuse des Fälasha, qui n'avaient aucune connaissance de l'hébreu, était rédigée en guèze, la langue liturgique des Abyssins chrétiens; elle comprenait l'Ancien Testament et le Livre des Jubilés, ainsi que des ouvrages apocryphes rédigés entre le XIVème et le XVIIIème siècle, mais pas le Talmud ni la Mishna. Par ailleurs, les Fälasha observaient les fêtes prescrites dans le Pentateuque, mais selon un rituel fort différent de celui des Juifs. De même que les Chrétiens d'Ethiopie, ils accordaient une grande importance au respect du Sabbat, observaient de nombreux interdits alimentaires et pratiquaient la circoncision. Contrairement aux Juifs mais à l'instar de leurs voisins chrétiens, ils excisaient les filles et le monachisme jouait dans leurs communautés un rôle très important.

De fort nombreuses théories continuent d'entourer les origines des Fälasha. Les *Bétä Israél* eux-mêmes affirment être des Juifs venus en Ethiopie avec Ménélik 1er, fils légendaire du Roi Salomon et de la Reine de Saba. Certains auteurs ont fait d'eux les fils de l'une des dix "tribus perdues" d'Israël, celle de Dan; d'autres les considèrent comme les descendants d'immigrants juifs venus d'Israël après la destruction du Premier ou du Second Temple; d'autres encore font des ancêtres des Fälasha des Juifs venus d'Egypte à l'époque de l'Exode. Cependant, pour beaucoup de chercheurs occidentaux, les Fälasha n'ont jamais été des Juifs au sens ethnique du terme, mais des Couchites de langue agew convertis au judaïsme, soit par des Juifs venus au cinquième siècle de notre ère de la colonie d'Elephantine, soit, comme le pensaient Wolf Leslau et C. Conti Rossini, par des missionnaires venus des colonies juives du Yémen.

La plupart des historiens estimaient jusqu'à récemment que, dans la mesure où leur religion constituait une forme primitive de judaïsme, antérieure à l'époque où furent composés la Mishna et le Talmud, les *Bétä Israél* n'étaient, pour reprendre l'expression de Stephen Kaplan, qu'"un vestige fossilisé de la période pré-chrétienne de l'ancien royaume éthiopien d'Axoum[1]". Pour Edward Ullendorf, "la religion des Falashas pourrait bien, en dépit des changements qui l'ont affecté dans le courant des 1600 dernières années, refléter dans une très large proportion le synchrétisme religieux du royaume pré-chrétien d'Axoum"[2]. On a d'ailleurs tenté, sans grand succès d'ailleurs, de rapprocher les coutumes religieuses des Fälasha de celles de certaines sectes juives, commes les Karaïtes et les Samaritains. Wolf Leslau avait en outre observé que de nombreuses coutumes avaient du être abandonnées par les Fälasha, tout simplement faute de moyens financiers de les entretenir[3].

Des études plus récentes sont venues nuancer cette vision, et il est aujourd'hui admis que l'émergence des Fälasha en tant que peuple distinct n'est pas antérieure au quatorzième ou au quinzième siècle. C'est à cette époque en effet que se mirent en place, essentiellement sous l'influence de deux moines d'origine chrétienne, Abba Tsäbra et Tsegga Amlak, les structures de leur religion, profondément influencée par le monachisme, l'observation de règles de pureté très strictes et la célébration de certaines fêtes, et que furent rédigés leurs textes liturgiques. Comme le note justement S. Kaplan, les missionnaires de la Société de Londres, qui entreprirent à partir de 1859 de promouvoir le christianisme parmi les Fälasha, "furent les premiers à traiter les *Bétä Israél* comme des "Juifs" au sens universel du terme". En même temps que les Fälasha découvrirent le judaïsme "normatif", ils durent prendre conscience des différences qui existaient entre leur religion et ce judaïsme, s'agissant notamment du monachisme, des rites sacrificiels et des règles de pureté. C'est à cette époque que des personnalités juives telles que Joseph Halévy et Rabbi H. Nahoum, envoyés par l'Alliance Israélite Universelle, et, à partir du début du siècle, Jacques Faitlovitch, entreprirent, tout en considérant les Fälasha comme de véritables Juifs, de réformer leur religion afin de la rapprocher du judaïsme "normatif" et de les réintégrer de la sorte à la communauté. C'est ainsi que furent progressivement abandonnés le monachisme et les sacrifices, et que l'hébreu commença à apparaître dans la liturgie. Les contacts avec la communauté juive prirent, comme on l'a vu, de l'ampleur après 1948 et la création de l'Etat d'Israël.

Dès 1957, Wolf Leslau retira de ses recherches l'impression que les Fälasha étaient les descendants d'une population couchitique de langue agew, non juive, qui fut convertie au judaïsme à un moment donné. Cette "conversion" a, semble-t-il, été elle même très progressive, s'échelonnant sans doute entre la restauration de pratiques vétéro-testamentaires entreprise dès le quinzième siècle par certains empereurs chrétiens d'Abyssinie et l'introduction, par les envoyés de l'Alliance Israélite Universelle, du judaïsme normatif.

---

[1]Stephen Kaplan, *Les Falasha*, in : *Aethiopia* (Tervuren, 1996), p. 229-236.
[2]E. Ullendorf, *The Ethiopians, An Introduction to Country and People* (Londres, 1973), p. 107.
[3]W. Leslau, op. cit., p. xliii.

Influences juives en Somalie

Il n'est pas impossible que la religion juive ait exercé dans la partie orientale de la Corne de l'Afrique une certaine influence, soit par l'intermédiaire des hauts plateaux abyssins, soit par celui des communautés juives établies dans le sud de la Péninsule arabique. Quelques indices, à vrai dire assez peu concluants, viennent plaider en faveur de cette hypothèse.

On a ainsi relevé chez les Somali un certain nombre d'anthroponymes et quelques éléments lexicaux qui pourraient être dérivés de l'hébreu. Abdi Mohamed Abdi a dressé dans son étude une liste de noms propres qui, apparemment étrangers au somali comme à l'arabe coranique, mais mentionnés dans la Bible, pourraient selon lui être d'origine juive[1] : *Abbaane* (Abana), *Baana* (Bâna), *Baashane* (Bashana), *'Ashir* (Asher) *'Eli* (Elie), *Haabiil* (Abel), *Hagar* (Agar), *Kaahin* (Caïn), *Kaanaan* (Canaan), *Sahra* (Sara), *Uni* (Uni), *Yabaal* (Yabal) et *Yaahu* (Yahvé); d'autres anthroponymes somali, quoique absents de la Bible, pourraient également, selon le même auteur, être apparentés à des noms hébreux : ainsi *Adar* (Adar), *'Anab* (Anab), *'Igaal* (Igâl), *Heebaan* (Iban), *Raabbi* (Rabi), *Tarax* (Terah) et *Wa'ays* (Ways).

Sur ces vingt anthroponymes, sept sont cependant, selon toute vraisemblance, d'origine somali : 'Ashir, de *'ashirayya*, "se lier, s'accorder", 'Eli de *'elinayya*, "protéger", Abbaane de *abbaan*, "protecteur, patron", Baana de *baànanayya*, "recouvrer ses forces", Wa'ays de *wa'ayya*, "inviter", 'Igaal de *'igaal*, mot d'origine arabe (*'igâl*) qui désigne le ruban autour du keffieh; quant à *Raabbi*, le terme signifie tout simplement "mon Dieu" en langue somali. Sahra corespond par ailleurs au prénom arabe Zahra. Il ne reste, dans ces conditions, que douze anthroponymes qui dépourvus d'étymologie connue, pourraient effectivement être apparentés à des noms hébreux. C'est sans aucun doute le cas de Kaahin et de Haabiil; Baashane, Hagar, Kaanaan, Uni et Yabal évoquent également des noms propres attestés dans la Bible, sans qu'il soit possible cependant d'établir une correspondance avec quelque certitude; le cas de Adar, Heebaan, Tarax et 'Anab semble plus problématique. Les généalogies des Hawiyye Abgaal contiennent enfin un anthroponyme *Tawriir*; celui-ci est issu d'un mot *tawriir* ignoré des lexiques, que les Somali traduisent "prêtre pré-islamique", et qui pourrait, si l'on voulait bien forcer un peu l'imagination, être apparenté à l'hébreu *torah*, "enseignement".

Parmi les noms et mots somali qui pourraient être tirés de l'hébreu, Abdi Mohamed Abdi relève le nom d'Abbaseere, que les Somali donnent à l'exorciste qui dompte les esprits dits *boorane*[2], et rapproche cet anthroponyme de l'hébreu Abasera, qu'il traduit par "Père de la Création". Le nom est cependant oromo (*Abba Seera*) et signifie tout simplement dans cette langue "Père de la Loi". Par ailleurs, les mots somali *darbasho*, "ablutions avant la prière", *darab dhaqanayya* ou *darbanayya*, "se laver les parties intimes avant la prière", font parfois l'objet d'un rapprochement douteux avec un mot hébreu *darbashut* (?); "ablution" se traduit cependant en hébreu par *tevila*. De même, il convient d'ignorer purement et simplement le commentaire d'Antoine d'Abbadie qui, dans sa "Géographie de l'Ethiopie"[3], observait qu'"avant les habitants actuels du Danakil et du Somal, ces pays étaient occupés par des Gallas, des Kofirs ou Kofris et des Pharsis", et estimait dans sa note en bas de page que "dans Pharsis, il faut reconnaître le mot hébraïque de Pharussi dont nous avons fait Pharisien". Ces "Pharsis" ne sont autres en effet que les Farsi ou Fârsi, habitants de la Perse.

Nidar, traduit en somali par "voeu", pourrait en revanche être bel et bien apparenté à l'hébreu *neder*, "serment devant Dieu" ou "offrande votive". On peut observer par ailleurs que la langue somali comporte, pour désigner les cheveux en papillotes que les Juifs portent sur les tempes, généralement appelés *tinka Yuhuudiga*, "chevelure de Juif", un terme spécifique qui semble ne pas avoir d'équivalent arabe : *sunaarado*. Enfin, les Somali de certains clans ont, encore aujourd'hui, l'habitude jurer sur Allah et sur le Talmud en ces termes : "*Tallahi iyyo Talmuud baan ku dhartay!*"

En dehors de ces maigres et somme toute peu convaincants indices linguistiques, les défenseurs de la thèse selon laquelle des influences juives se seraient exercées en Somalie citent communément la singulière coutume somali du *dumaal*. Cette coutume, qui veut que la veuve épouse l'un des frères de son défunt mari (*dumaashi* signifie en somali "belle-soeur"), et à laquelle correspond le *xigsiisan*, qui veut qu'un veuf épouse l'une des jeunes soeurs non mariées de sa défunte épouse, n'est pas sans évoquer en effet le lévirat des Juifs. Certains auteurs ont cru devoir rapprocher cette singulière disposition du droit somali de la coutume juive du lévirat qui, édictée par le Deutéronome[4], oblige un homme à épouser la veuve de son frère mort sans héritier, afin de lui donner une descendance de façon à "relever le nom de son frère en Israël".

---

[1]Abdi Mohamed Abdi, op. cit., vol. II, p. 214-217.

[2]V. supra, p. 75.

[3]Antoine d'Abbadie, *Géographie de l'Ethiopie*, vol. I (Paris, 1890), p. 344-345.

[4]Deutéronome, 25, 5-10.

Communautés d'origine juive

On sait que quelques clans isolés passent, en Somalie, pour être d'origine juive. Les légendes recueillies chez les Somali Hawiyye des steppes du Mudug font du roi anté-islamique Muruf Maaruf un immigrant venu d'Israël[1]; celui-ci n'ayant pas eu de descendance connue, aucune des communautés de la région ne se réclame cependant de cette origine. En se disant issus du roi David, qui aurait enseigné à leurs ancêtres les secrets du travail du fer, les forgerons Tumaallo revendiquent en revanche implicitement un lien, au demeurant lointain, avec Israël. Certaines traditions somali attribuent également des origines juives aux Arabes *Hâtmiyun*[2], dont les descendants sont aujourd'hui établis dans les vieux quartiers de Mogadiscio, de Merka et de Baraawe (Brava). A Mogadiscio, les *Hâtmiyun* font partie de la communauté des Yaaqub bin Axwaq, l'un des quatre groupes arabo-somali établis dans le quartier de Shangani; à Merka et à Baraawe, où les traditions relatives aux origines juives des Hâtmiyun semblent plus vivaces, leurs descendants sont connus sous le nom de Haatin ou Haatimi. Ces *Hâtmiyun* sont certainement les surgeons de la tribu des al Hâtim qui, avec les al 'Amr et les al 'Ali Bilêt, font partie du groupe des al Sai'ar, aujourd'hui établi au Yémen dans le nord-est du Hadramawt. Rien dans l'histoire des Sai'ar, qui se disent issus d'un certain Maqdât bin al Aswad al Kindî et apparurent après la chute de la dynastie des kindites[3], ne laisse cependant entrevoir de quelconques origines juives.

Dans la vallée du Moyen-Shabeelle, aux alentours de Arboheero près de Qoriooley, est établi un clan qui, lui aussi, passe aux yeux des Somali pour être d'origine juive : celui des Jiiddu. Cette tradition, que suggère une étymologie populaire qui, fondée sur la transformation, assez courante dans cette région de Somalie, du *y-* initial en *j-*, associe le nom Jiiddu à *Yuhuudi*, "Juif", se fonde sur les particularités physiques, généalogiques et linguistiques qui caractérisent le clan des Jiiddu. Il est admis en effet en Somalie que les Jiiddu comptent un nombre remarquablement élevé d'individus très clairs de peau; certains d'entre eux auraient même des yeux bleus-verts dont la couleur ne devrait rien au glaucome. Descendants de Geedle, fils de 'Ali, fils de Digil, fils de Daysame, fils d'Amarre, fils de Sab (qui est lui-même l'ancêtre éponyme des clans somali de l'entre-deux-fleuves), les Jiiddu, qui affirment être venus du nord de la péninsule, pourraient bien par ailleurs être arrivés dans la région avant les autres clans somali, soit vers le deuxième ou le troisième siècle de notre ère, et auraient formé ainsi l'avant-garde de la première invasion somali de la Corne orientale de l'Afrique. Ils auraient ainsi été les premiers Somali à s'affronter aux fameux Galla Warday, dont les descendants, aujourd'hui établis au Kenya dans la basse vallée de la Tana sous le nom d'"Orma", continuent d'ailleurs d'appeler tous les Somali *Jiddu* ou *Jiidu*[4]. Enfin, le dialecte des Jiiddu, dont M. Moreno a réalisé une brève quoique intéressante étude[5], comporte un certain nombre de vocables totalement inconnus des autres parlers somali (ainsi *yälley*, "lion", *ot*, "venir", *shi*, "aller", *weese*, "crocodile") et des mots dont on ne trouve de lointains correspondants que dans d'autres langues couchitiques : ainsi *'arow*, "éléphant" (cf. *arab* dans la langue des Rendille), *uul*, "âne" (cf. *ohol* dans la langue des Arbore), *warra*, "eau" (cf. *wa* dans la langue des Burji).

Le cas des Jiiddu n'est pas dépourvu d'intérêt dans la mesure où il constitue une illustration du processus mental qui attribue à des communautés distinguées par leur ascendance, par les singularités de leurs dialectes ou par l'apparence physique de certains de leurs membres, des origines mystérieuses et, bien souvent, des pouvoirs particuliers. Si l'origine juive des Haatin ou des Jiiddu constitue dans l'esprit des Somali une simple présomption, elle revêt, s'agissant des Yibro, le caractère d'une certitude d'autant plus forte qu'elle est aujourd'hui revendiquée par la plupart des Yibro eux-mêmes.

---

[1]V. supra, p. 97.

[2]Lors de son séjour à Merka en 1847, où il aborda à bord du brick "Le Ducouëdic", Guillain trouva à Baraawe deux tribus arabes : les *Bidda*, gouvernés par un certain Déra-ben-Omar, et les *Hhattemia*, gouvernés par Cheikh-Abouki (cf. *Documents sur l'histoire, la géographie et le commerce de l'Afrique orientale*, Paris 1856, vol III, p. 170).

[3]Cf. Walter Dostal, *Die Beduinen in Südarabien*, in : *Wiener Beiträge zur Kulturgeschichte und Linguistk*, vol. XVI (Vienne, 1967), p. 72-73.

[4]V. Bernd Heine, *The Waata Dialect of Oromo* (Berlin, 1981), p. 63.

[5]M. M. Moreno, *Brevi Notazioni di Giddu* in : *Rassegna di Studi Etiopici*, X, 1951), p. 99-107.

Les ancêtres juifs des Yibro

Les premiers auteurs qui ont évoqué l'existence des Yibro n'ont, il convient de le signaler, fait à aucun moment état à leur propos de quelconques origines juives. En 1854, Richard F. Burton se contentait ainsi d'observer que "les Yebir correspondent aux Dushan d'Arabie du Sud : Les hommes font office de bouffons auprès des chefs, et les deux sexes participent aux fêtes, aux mariages et aux circoncisions"[1]. En 1872, le Capitaine S. B. Miles précisait que "les Ebir sont les parias du pays; ils sont distincts des deux groupes précédents (les Tomal et les Midgân) et leur sont inférieurs. Ils se livrent à la prestidigitation, qu'ils exercent à l'occasion des mariages et des fêtes. On dit qu'ils ont l'habitude de vendre leurs enfants, et on ne leur permet jamais d'accompagner les Somâls quand ils partent en guerre"[2]. Dans sa "Géographie de l'Ethiopie", parue en 1890, Antoine d'Abbadie se bornait à noter que "les Yibr sont appelés par les Arabes Douchân et classés parmi les tribus somalies d'origine incertaine, dont l'alliance est repoussée par les autres"[3]. Pour L. Robecchi-Brichetti, "les Jiber, classe infime, sont considérés comme plus abjects encore que les races pauvres et dispersées des Tumal et des Midgan. Ces Jiber, esclaves de tous et méprisés, vivent entre eux, mendiant misérablement ici et là, à l'aventure (...) Presque toujours charlatans ou mystificateurs professionnels, ils servent de bouffons lors des fêtes, des noces et autres solennités"[4]. H. G. C. Swayze indiquait quant à lui que "les Yebir travaillent le cuir, fabriquant des selles, des gaînes de poignards et d'autres objets de ce genre"[5]. Enfin, le Britannique I. M. Lewis et l'Italien E. Cerulli, dont les nombreux ouvrages consacrés à la Somalie continuent de faire autorité aujourd'hui, évoquent abondamment les Yibro, mais sans jamais mentionner de traditions qui feraient d'eux des descendants de Juifs.

Le Major R. C. Abraham est apparemment le premier, dans son magistral dictionnaire somali-anglais, à indiquer que Bu'ur Ba'ayr est considéré comme ayant été un Juif[6]. Les Yibro quant à eux apparaissent partagés à ce propos; pour certains d'entre eux, la seule certitude est que Bu'ur Ba'ayr n'était pas un musulman. Pour d'autres, les Yibro sont, comme le suggéreraient différents indices, les descendants directs d'une puissante communauté juive jadis établie dans la Corne de l'Afrique. Le mot de Yibir, pl. Yibro, n'est pas sans évoquer en effet le nom des Hébreux (*'Ibrim* en hébreu), terme pourtant ignoré de la langue somali, qui ne connaît que *Yuhuud* (au sg. *Yuhuudi*), "Juifs". Certains vont même jusqu'à établir un lien entre Bu'ur Ba'ayr et un roi d'Edom cité dans la Genèse[7], Bêla, fils de Bê'ôr.

Dans cette optique, on assimile parfois le *samanyo*, par lequel le père "rachète" son enfant au Yibir et reçoit de ce dernier une bénédiction, au rachat des premiers-nés mâles aux Lévites tel qu'il est décrit dans le Livre des Nombres[8] : "Yahvé dit à Moïse : Fais le recensement de tous les premiers-nés mâles des enfants d'Israël, depuis l'âge d'un mois et au-dessus; fais le compte de leurs noms. Puis, à la place des premiers-nés d'Israël, tu m'attribueras, à moi Yahvé, les Lévites, et de même de leur bétail à la place des premiers-nés du bétail des enfants d'Israël (...) Pour le rachat des 273 premiers-nés d'Israël qui excèdent le nombre des Lévites, tu prendras cinq sicles par tête; tu les prendras au taux du sicle du sanctuaire, à vingt géras le sicle. Puis tu donneras cet argent à Aaron et à ses fils pour le rachat de ceux qui sont en excédent." Cette tradition est perpétuée chez les Juifs par la cérémonie du *Pidyon ha ben*, le "Rachat du Fils", qui intervient le 31ème jour après la naissance de l'enfant. Au cours de cette cérémonie (qui n'a pas lieu si l'enfant appartient à une famille de Lévites), le prêtre demande au père s'il lui laisse son enfant ou s'il préfère le racheter pour cinq sicles d'argent. Le père récite alors deux bénédictions et remet l'argent au prêtre, qui déclare l'enfant "racheté" et prononce sur lui la bénédiction sacerdotale.

Par ailleurs, le mont Huntura, dont les Yibro doivent faire le tour lors de leur initiation[9], est parfois assimilé dans leurs traditions au Mont Sinaï. De même, les Yibro voient parfois dans le bâton qu'ils recoivent à l'issue de leur initiation, qu'ils apellent dans leur argot *bulbul* ou *boqorad* ("la reine") et dont ils se servent pour réclamer le *samanyo*, comme une réplique ou un symbole du bâton de Moïse. Certains d'entre eux affirment même que leur bâton est taillé dans le bois de celui qui appartint à Moïse ou, pour le moins, dans le bois de l'arbre qui poussa là où Moïse abandonna son bâton. Le nom de Xanfalay, le vent surnaturel qui accompagne les Yibro lors des principales étapes de leur existence et qui, à leur mort, les dérobe à la vue des vivants pour les plonger dans une source[10], a été rapproché de *haphela*, le nom hébreu de la nuée qui, dans l'Ancien Testament, annonce la présence de Yahvé. Abdi Mohamed Abdi indique par ailleurs que les Yibro se donnent à eux même le nom de *Towra*[11] -ce qu'aucun des mes interlocuteurs yibro n'a cependant été en mesure de confirmer- et observe que le terme pourrait dériver de la Torah, qui désigne dans l'Ancien Testament la Loi; *Towra* pourrait cependant être issu de *tawriir* qui, comme on l'a vu, désigne en somali un "prêtre anté-islamique" et se retrouve dans l'anthroponyme Tawriir, aujourd'hui sorti de l'usage.

Enfin, on sait que le *makaraan* confectionné par certains Yibro ne contient en tout et pour tout qu'une étoile de David gravée sur la face intérieure de cuir. Il convient de signaler à ce propos que l'étoile de David qui, sur les hauts plateaux abyssins, notamment dans la région de Gondär, revêt avec la croix un caractère emblématique, est également connue en Somalie; elle figure parfois dans la décoration murale des huttes, notamment dans la vallée du Jubba, ainsi que dans les gravures qui ornent les tablettes des *barkimmo* ou *barjimmo*, les appuie-tête en bois d'euphorbe dont les nomades somali ne se séparent jamais. Abdi Mohamed Abdi signale également que, dans la région de Kismaayo, on soigne les vaches atteintes de météorisme (*bukutu*) en leur brûlant les flancs à l'aide d'un fer rouge en forme d'étoile de David[12].

---

[1]R. F. Burton, op. cit., vol. I, p. 24.

[2]S. B. Miles, R. G. S., XLII (1872), p. 69.

[3]A. d'Abbadie, op. cit. vol. I, p. 340.
[4]L. Robecchi-Brichetti, op. cit., p. 216-218.
[5]H. G. C. Swayne, op. cit., p. 4.
[6]R. C. Abraham, *Somali-English Dictionary* (Londres, 1962), p. 37.
[7]Genèse, 36, 31-32.
[8]Nombres, 3, 11-13 et 40-51.
[9]V. supra, p. 63.
[10]V. supra, p. 64.
[11]Abdi Mohamed Abdi, op. cit., vol. I, p. 224.
[12]Abdi Mohamed Abdi, op. cit., vol. I, p. 228-229.

Des mythes aux fabrications

Je ne veux pas clore ce chapitre consacré aux diverses "preuves" que les Yibro produisent pour étayer les origines juives dont il se prévalent sans citer un étrange document qui m'a été remis par l'un de mes informateurs, Xasan Maxamed 'Ali. Rédigé le 24 novembre 1997, ce document évoque quelques "traditions ancestrales dont certaines peuvent encore observées parmi les jeunes générations et dont d'autres ont été abandonnées". Après avoir précisé que la "circoncision féminine, qu'on observe chez les jeunes générations, a été adoptée par les Yibro, qui ne la pratiquent pas traditionnellement, à la suite de contacts avec les Somali, ou bien leur a été imposée", et que "la circoncision est pratiquée (chez les Yibro) quand le petit garçon est âgé de huit jours"[1], le texte mentionne neuf traditions, dont le nom est retranscrit en alphabet arabe et dans un alphabet qui reproduit maladroitement les carrées de l'alphabet hébreu, et dont la définition est rédigée en somali.

Besekh : *Qoyska oodhan munaasabad isugu yimado oo meel wax lagu wada 'uno* ("rassemblement de tous les membres de la famille pour manger ensemble")

Hannûka : *Xus awoowaysashi hore sameyn jireen oo ku saabsan xurnimo ee heleen* ("commémoration célébrée par nos ancêtre pour l'obtention de leur indépendance")

Bûrim : *Ka samati bax dibin daabyo laysmadi Hamaan* ("Démantèlement du complot visant au massacre de Hamaan")[2]

Sekût : *Xillige miro ururinta* ("époque de la récolte des fruits de la terre")

Yom Kebber : *Soomid iyyo tijaabo qof ahaaneed ee Rash Xashanah* ("jeûne et probation à l'occasion du Rash Hashanah")

Shebat : *Maalinaad loo qadariyo* ("un jour commémoré par tous")

Mazûza : *Alaabo lagu xiro irid walba oo qooyskeeni 'aado u ahayd* ("des objets qu'on met sur la porte de la maison de chaque famille")

Barmitsvah : *Arrin dhaqan u ah oo wiolka marku jiro 12 iyyo maalin la sameeyo dardaaran* ("coutume qui est pratiquée lorsque le garçon est âgé de 13 ans et un jour en guise de testament")

Yarmelek : *Madaxa oo la daboolo dhamaantis 'aadaysi ama wax la aaminsanaa darteed* ("se couvrir entièrement la tête en vertu d'une coutume, d'une croyance").

Il est inutile de se livrer à l'exégèse de ce texte qui est, à l'évidence, une pure fabrication destinée à établir un lien entre des coutumes dont le nom n'a absolument rien de somali avec des rites et des usages totalement inconnus en Somalie, mais pratiqués par les Juifs : ainsi la *pessah* ou Pâque; la *hanûkka* ou "Fête des Lumières", qui commémore la dédicace du Temple par Judas Macchabée, et à l'occasion de laquelle chaque famille juive place un chandelier à huit branches devant sa fenêtre et prépare des plats traditionnels; le *pûrim* qui, un mois avant la Pâque, célèbre la délivrance des Juifs de Perse; le *Sukkoth*, l'une des Fêtes des Moissons célébrée par les Juifs après l'engrangement des récoltes; le *Yom Kippûr* ou Grand Pardon, qui clôt la période de pénitence de dix jours inaugurée par le Rôsh ha-Shânâh; le *shabbat* ou sabbat, qui commence la vendredi soir à la tombée de la nuit et se termine le samedi à la nuit close, et durant lequel le repos est obligatoire; la *mezûzah* ou "chambranle", un petit étui fixé sur la porte des maisons juives et contenant un rouleau de parchemin sur lequel sont recopiés les deux premiers paragraphes de la Shema; l'initiation de la *bar mitsvâh*, profession de foi des garçons âgés de treize ans et un jour; la petite calotte, *yarmulke* ou *yarmulka* (également appelée *kippa*), que les Juifs orthodoxes portent en permanence et qui leur rappelle la présence divine au-dessus d'eux; et enfin la circoncision, pratiquée selon le rite juif le huitième jour après la naissance de l'enfant.

Qu'il se soit trouvé un Somali, Yibir ou non, pour dresser un inventaire aussi complet de rites et de coutumes judaïques, parfaitement inconnues en Somalie, répétons-le, et pour tenter, en donnant de ces rites et coutumes une définition suffisamment imprécise et biaisée pour être plausible, une improbable greffe sur le folklore yibir, ne saurait surprendre; l'idée que les Yibro seraient bel et bien des Juifs n'a cessé en effet de croître et de se répandre jusqu'à finalement s'imposer comme une quasi certitude, après avoir suivi un cheminement analogue à celui des légendes et des fables sur lesquelles les Somali ont reconstruit une bonne partie de leur Histoire perdue. En se livrant à de telles fabrications, certains Somali, dont il est du reste difficile de savoir s'ils sont réellement issus de la communauté des Yibro, songent peut-être à se forger de toutes pièces une identité susceptible de mobiliser l'attention de la communauté internationale, voire la générosité de certaines associations juives dont les Somali n'ignorent pas les activités. Peut-être même s'agit-il, pour une poignée d'entre eux, de justifier d'éventuelles demandes qui seraient soumises aux autorités de Tel-Aviv en vue de bénéficier, à l'instar des Falash Mura[3], de la Loi du Retour qui, en 1985 et en 1991, a permis à plusieurs dizaines de milliers de "Juifs" d'Ethiopie de trouver refuge en Israël. La BBC a du reste annoncé en juin 1997 que des "Somali d'origine juive" avaient introduit une requête en ce sens auprès l'ambassade d'Israël à Addis Abeba, ce que celle-ci, dont j'ai interrogé les services, n'a pas pu ou pas voulu confirmer. Mes informateurs Yibro ont estimé quant à eux que la démarche n'avait pas été le fait de membres de leurs communauté, mais de Somali qui tentaient d'usurper cette origine dans le but exclusif de servir leurs projets d'émigration.

---

[1]Les Juifs circoncisent en effet le huitième jour; les petits garçons somali subissent cette opération beaucoup plus tard, à un âge compris entre cinq et sept ans.

[2]Mentionné dans la Bible (Livre d'Esther) et dans le Coran (Sourates du "Récit", de "l'Araignée" et de "Celui qui pardonne"), Hâman le Agaguite vécut au Vème siècle avant notre ère et obtint du roi Assuérus la permission d'exterminer tous les

Juifs; il fut cependant pendu avec ses dix fils sur la potence qu'il avait fait dresser pour Mardochée.

[3] V. supra, p. 123.

LES MOTS DE L'ENIGME

Barasho hortheed ha i ni'in
Ne me hais point,
avant de me connaître

La piste des ethnonymes

Ni les légendes qui décrivent le combat que livra l'ancêtre mythique des Yibro à 'Aw Barkhadle, ni les traditions confuses dont se prévalent les Yibro, coutumiers des mystifications et aussi peu sensibles que les autres Somali aux raisonnements bridés par la logique scientifique, ne dissipent les ténèbres qui entourent l'origine de cette communauté. On en est réduit dans ces conditions à explorer d'autres pistes, que les auteurs dont les écrits évoquent les Yibro se sont contentés, faute d'intérêt, de temps ou d'informations, de suggérer : ainsi la fameuse "langue secrète" des Yibro, dont on pourrait raisonnablement penser qu'elle recèle, sinon la clé de l'énigme, du moins quelques indices intéressants, et l'existence, dans des régions voisines du pays somali, de quelques groupes humains que leurs activités et leur statut social semblent apparenter aux Yibro. Avant de passer à l'étude des mots que les Yibro ont hérités de leurs aïeux, la piste linguistique s'ouvre sur les différents noms qui participent à l'identité des Yibro : noms qu'ils se donnent à eux-mêmes, noms que leur donnent les Somali, noms enfin que les Yibro donnent aux Somali.

Les Yibro se donnent à eux-mêmes le nom de *Annaas*, terme qui, venant opportunément à l'appui des théories sur les origines juives de cette communauté, a été parfois rapproché de l'hébreu *Anâsi* ou *Anâs*, "prince". *Annaas* est en réalité un mot tiré de la langue arabe qui, employée dans les milieux religieux et commerçants, est assez peu connue des nomades pour que les Yibro aient, comme on le verra plus loin, puisé dans son vocabulaire un certain nombre de mots de leur fameuse "langue secrète". L'arabe *anâs* signifie tout simplement "les hommes, le genre humain" et ne présente donc sur le plan linguistique aucun intérêt particulier. Les anthroponymes comme Daa'uud, Ashaanka, Asheenta, Kileym, Beerud et Seferdi, que les Yibro considèrent comme "typiques" de leur culture -et dont la vérité m'oblige à dire qu'ils ne les les portent que rarement- n'offrent pas davantage de prise aux interprétation hébraïsantes : Daa'uud (ar. Dâ'ûd, fr.

David) est un nom très répandu en Somalie; Ashaanka et Asheenta, noms dont la consonnance est incontestablement "exotique", n'ont pas d'étymologie connue; quant au nom de Beerud, qu'on pourrait rapprocher de l'hébreu *bêrith*, "alliance", il apparaît plutôt issu du mot somali *beer*, "jardin". Certes, Seferdi n'est pas sans évoquer l'hébreu *Sefardim*, "Espagnols", terme qui designait initialement les Juifs originaires de la péninsule ibérique qui, après le quinzième siècle, s'établirent en Afrique du Nord; je n'ai cependant jamais entendu parler d'un Somali ou d'un Yibir portant ce nom. La même remarque vaut pour Kileym, qui fait songer à l'hébreu *kilayim*, le fameux "mélange d'espèces" prohibé à plusieurs reprises par la Bible (Cf. Lévitique, 19, 19, Deutéronome 22, 9-11).

Le terme de "Yibir", au pluriel "Yibro", est souvent sollicité pour appuyer la théorie des origines juives et constitue même, pour les défenseurs de cette théorie, l'argument le plus immédiat et le plus convaincant. Pour séduisant qu'il puisse être, le rapprochement Yibro-*'Ibrim*-Hébreux a cependant toutes les apparences d'une étymologie populaire, même si les lois de la linguistique ne suffisent pas, pour une fois, à la réfuter. On constate en tout cas que le nom de Yibir se retrouve, avec des variantes, dans les généalogies des Somali dits "nobles", notamment chez les Hawiyye et les clans dits "pré-Hawiyye"[1]. Parmi les ancêtres du lignage Sooraante des pré-Hawiyye Gaalje'el, on trouve ainsi un *Yibir*, et les généalogies du clan Wa'aysle des Hawiyye Abgaal comptent un certain *Yibir Dhige*. *Yeber* est également un nom assez répandu dans les généalogies des pré-Hawiyye Xawaadle, des Hawiyye Wa'dhaan et Habar Gidir, et des anciens serfs Reer Shabeelle; les généalogies des Xawaadle mentionnent quant à elles un ancêtre appelé *Yeberow*. Enfin, des formes *Yabar* et *Yabarow* sont attestées dans les généalogies des pré-Hawiyye Gaalje'el, des Hawiyye Abgaal et Habar Gidir, des Daarood Mareexaan, des religieux Sheekhaal et des anciens serfs Reer Shabeelle.

Il n'est pas absolument certain que les formes *Yeber(ow)* et *Yabar(ow)* soient apparentées à *Yibir*, anthroponyme dont l'étymologie n'est d'ailleurs pas établie. Certains linguistes font de *Yeber* et *Yabar* des formes issues de l'adjectif *yer*, *yar*, "petit"; cette étymologie, dont il faut convenir qu'elle n'explique guère de manière convaincante Yeber et Yabar, ne convient pas du tout pour Yibir. Quoi qu'il en soit, tous ces anthroponymes remontent à un nombre de génération compris entre onze et quatorze. Si l'on admet que la durée moyenne d'une génération est de 25 ans, on peut en déduire qu'ils ont été donnés entre la première moitié du dix-septième siècle et le début du dix-huitième siècle, soit bien après la victoire de 'Aw Barkhadle (lequel vécut au treizième siècle) sur Maxamed Xaniif et la marginalisation des Yibro. Pour relativement limité qu'il ait pu être, l'emploi de cet anthroponyme après ces évènements tendrait à suggérer que cette marginalisation fut progressive, et que le renom des descendants de Maxamed Xaniif était encore assez grand pour qu'on pût, plusieurs siècles après sa disparition, donner à un enfant les noms de Yibir, Yeber ou Yabar.

Si l'on en croit Kirk, les Midgo du nord de la péninsule appelaient les Yibro "Hanan".[2] Ce mot est pratiquement oublié aujourd'hui; il semblerait, d'après les rares témoignages que j'ai pu recueillir, qu'il doive s'orthographier Xanan et soit issu à ce titre de l'adjectif *xan*, "pernicieux, nuisible", qui évoque l'activité principale des Yibro mais ne correspond pas, il faut l'avouer, à l'attitude amicale que les Midgo témoignent généralement à leurs frères Yibro.

Les noms que les Yibro donnent aux Somali ne fournissent pas davantage d'indice utile du point de vue historique. Il s'agit en effet le plus souvent de périphrases peu flatteuses comme *Qariyyaad*, "Ceux qui ont le Mauvais Oeil" ou *Dhifad*, "Ceux qui brutalisent, maltraitent" (cf. *dhifayya*, "frapper", *dhifad*, "fait de tourmenter, de maltraiter»); Abdi Mohamed Abdi relève également des noms dont aucun de mes informateurs n'a été en mesure de me confirmer l'usage, comme *Tubaal* (?) ou *Talaamid*, "élèves"[3]. Selon mes propres sources, beaucoup de Yibro appellent les Somali *Waran* (le terme désigne la "lance", arme dont le droit coutumier interdit l'usage aux *sab/bon*) ou *Gabar*. Ce dernier nom, dont le sens premier est "tributaire, vassal, esclave", et que les Yibro ont peut-être emprunté à d'autres groupes *sab/bon*, était donné comme on l'a vu[4] par les Oromo aux premiers immigrants somali qui, venus du nord, vinrent s'installer sur leurs territoires.

---

[1]Les clans pré-Hawiyye sont issus des collatéraux de l'ancêtre éponyme des Hawiyye; certains indices semblent indiquer que ces clans s'installèrent dans la Corne dans le courant de la première grande migration qui conduisit les ancêtres des Somali dans le nord de la Péninsule, où ils furent islamisés et d'où il se lancèrent à la reconquête, cette fois du nord vers le sud, de territoires entretemps occupés par d'autres tribus, notamment par les Oromo.

[2]J. W. C. Kirk, *A Grammar of Somali Language*, op. cit. (1905), p. 203 et 213.

[3]Abdi Mohamed Abdi, op. cit., vol. I, p. 224.

[4]V. supra, p. 44 et 47 (note 3).

Les langues secrètes

L'existence des "langues secrètes" que parlent les *sab/bon* a été relevée la première fois par le linguiste allemand A. W. Schleicher, qui observait en exergue de son ouvrage sur la langue somali que "parmi les Somali vivent des peuples d'ilotes, dont les Midgan, les Tomal et les Yibber sont les plus connus. Seuls les Yibber, note-t-il, paraissent posséder une langue propre, qu'ils parlent entre eux"[1]. Cette information a été précisée peu après par J. W. C. Kirk, qui fut le premier à étudier les "langues secrètes" des Midgo et des Yibro du Somaliland et signala que "chaque tribu a son propre dialecte, dont le secret a jusqu'à présent été conservé"[2]. Il ajoutait cependant que les *sab*, qui attachaient une grande importance à la préservation de ce secret à l'égard des Somali, lui avaient fait promettre de ne pas divulguer à leurs ennemis héréditaires ce qu'ils avaient révélé à l'homme blanc, et demandait lui-même à tous ceux qui liraient son ouvrage de ne révéler à aucun Somali ce qu'on lui avait permis de noter pour le bénéfice du *sirkal* (Gouvernement). Dans son ouvrage consacré au Somaliland et publié en 1912[3], Ralph E. Drake-Brockman évoqua également, mais sans entrer davantage dans le sujet, "les langues des tribus de parias Midgan, Yebir et Tomal", précisant à ce propos que l'origine de ces langues, dont l'usage se perdait chez les jeunes générations, ne pouvait être que "galla" (oromo). L'Italien E. Cerulli fut, semble-t-il, le dernier à étudier les "jargons" d'un certains nombres de communautés *sab/bon*, comme les Yibro de Hobyo, les Muusa Dheriyyo des Raxanweyn et des Isaaq, les Reer Wardheere des Daarood Ogaadeen et les Ribi[4].

Ces "langues secrètes", que les Yibro appellent *baxriin* (cf. argot yibir *baxräynayya*, "faire du bruit"), les Ribi *baqdiin* (cf. peut-être somali *baqdiin*, "peur") et les Muusa Dheriyyo des Isaaq Habar Awal *kalaantan* (composé avec l'arabe *kalân*, "discours" et le démonstratif somali *tan*), ont aujourd'hui beaucoup perdu de leur richesse. Quelques dizaines de mots ont cependant été conservés, partiellement d'ailleurs grâce aux études publiées par

Kirk et Cerulli, dont un nombre étonnamment élevé d'intellectuels somali d'origine *sab/bon* conservent et diffusent encore des copies et que je livre (voir annexe 1) à la sagacité des chercheurs et des linguistes. Une étude superficielle de ces parlers fait apparaître au premier abord une assez grande diversité et des différences considérables d'une communauté à l'autre : les mots employés par les chasseurs-tanneurs Reer Wardheere de l'Ogaadeen différaient totalement en effet de ceux qui composaient l'argot des Ribi; le jargon des Midgo du Somaliland n'était apparemment pas le même que celui de leurs voisins Yibro; la liste de vocabulaire recueillie par Kirk au début du siècle chez les Yibro du Somaliland présente enfin un certain nombre de différences par rapport à celle que Cerulli dressa deux décennies plus tard à la suite de son séjour chez les Yibro de Hobyo, sur le territoire des Hawiyye Habar Gidir.

Il convient de souligner, au risque de décevoir ceux qui prétendent voir dans les jargons des Midgo, des Tumaallo et des Yibro la survivance des langues jadis parlées par les peuples dont les *sab/bon* seraient les descendants, que toutes ces "langues secrètes" ont pour point commun de n'être, de toute évidence, que des argots. Même si ces argots contiennent des mots issus d'autres langues (essentiellement l'oromo et l'arabe), ils ne sauraient suggérer pour autant une quelconque origine oromo ou arabe des communautés qui les emploient, et dont le seul souci est, à l'instar des truands et autres marginaux, de faire en sorte que leurs propos ne puissent être compris par des individus étrangers à leur groupe. La fameuse "langue des Yibro" ne fait en rien exception à la règle, comme en témoigne du reste une brève étude de son lexique.

On y trouve tout d'abord un grand nombre de métaphores, de synecdoques et de tournures périphrastiques. Ainsi le mot *iftiin*, qui désigne en somali la "lumière du jour", s'applique indifféremment en argot yibir à la "lune", au "soleil", au "blanc" et à la "pièce d'argent". Le somali *tusbax*, "chapelet (à cent grains)", signifie "cent", *madow*, "noir", désigne le "tabac"; *qariyyaan*, "personne qui a le mauvais oeil" donne *qariyyaad*, "homme" ou

"Somali", *'as*, "rouge" donne *'aseero*, "sang", *rarayya*, "porter", donne *rarow*, "chameau de bât", *soor nafle*, "met nourrissant", donne, non sans ironie, *nafeel*, "faim". La locution argotique *lamma gannadood*, "deux mains", signifie "dix", et l'argot *lawo*, "eau", veut également dire "pluie". "Mensonge" se dit *'ayntoli*, terme qui, issu de l'argot *'ayn*, "oeil", et du somali *tolayya*, "coudre", signifie littéralement "oeil cousu".

Beaucoup de mots yibro ont été construits avec des mots somali auxquels on été ajoutés des suffixes qui ne sont pas sans évoquer les désinences argotiques françaises en -aille, en -uche, en -ouze, en -ouille ou en -ard. C'est ainsi qu'ont été formés *fogameed*, "loin" (de *fog*), *'aseerax* et *'asayr*, "rouge" (de *'as*), *horiyyaad*, "avant" (de *hore*), *indhoqolshi*, "oeil" (de *indho*, "yeux"), *kollixi kallimad*, "une autre fois" (de *kol kale*), *sanäg*, "nez" (de *san*), *lafil*, "os" (de *laf*), *'unuq*, "gorge" (de *'uno*) et *kulhi*, "temps" (de *kol*). Dans *qoriin*, "fusil", on reconnaît sans peine le somali *qori*, de même que *galabi*, "soir", reste très proche du somali *galab*, et que *uuro*, "estomac", n'est guère très éloigné du somali *uur*, "ventre". Dans l'argot *bulbul*, "bâton", on distingue le somali *ul*, et l'argot *taagadayya*, "aller", n'est autre qu'une déformation du somali *taagayya*, "se tenir, être debout". L'argot des Yibro comprend par ailleurs des altérations qui font songer au vocalisme aberrant des dialectes somali de l'entre-deux-fleuves (ainsi *xigga*, "là" et *xigge*, "où?", en somali *xagga* et *xagge*; *falanayya*, "désirer", en somali *filanayya*, "attendre qch."), ainsi que des mots construits selon le principe du verlan : *yifan* ou *yafan* pour *fii'an*, "bon", *gannad* pour *ga'an*, "main", *anqaq*, "saint homme, lettré" pour *naqayya*, "lire"[5].

De même que les créateurs des argots français ont puisé dans les langues des pays voisins (l'allemand, l'italien, l'espagnol ou l'arabe maghrébin) un certain nombre de vocables de la "langue verte", les Yibro ont introduit dans leur langue secrète des mots issus des deux langues avec lesquelles ils étaient le plus souvent en contact : l'oromo, qu'on parlait encore au début du siècle à l'ouest du Jubba et dans quelques enclaves du "Somaliland", et l'arabe, langue du Coran, de la science et des échanges avec le monde extérieur. C'est en effet par l'oromo que s'expliquent des mots comme *qal*, "chèvre" (or. *kale*, "id."), *tiro*, "foie" (or. *tiruu*, "id."), *dalanga*, "animal" (or. *daluu*, "mettre bas"), *gujjo*, "viande" (or. *gojjola*, "viande grillée"), *ruuf*, "cadavre" (or. *reeffe*, "id."), *danqaräynayya*, "refuser" (or. *danquu*, "bloquer"), *fedayya*, "vouloir, souhaiter, chercher" (or. *feduu*, "vouloir, désirer"), et *limdinayya* ou *lamdinayya*, "dormir" (or. *limit'a-u*, "tomber, en parlant de la nuit"). L'argot des Yibro présente par ailleurs, par rapport aux argots d'autres communautés *sab/bon*, un nombre assez élevé de mots d'origine arabe : ainsi *weeled*, "fils" (ar. *walad*, "garçon"), *albaqar*, "boeuf" (ar. *baqar*, "les vaches"), *alxeel* ou *alxayl*, "cheval" (ar. *khayl*, "les chevaux"), *annaas*, "Yibir" (ar. *anâs*, "les hommes; le genre humain"), *'ayn*, "oeil" et *'aymayya*, "voir" (ar. *'ayn*, "oeil"), *aldiib*, "chacal" (ar. *dib*, "loup"), *xabar*, "langage; nouvelle" (ar. *khabar*, "nouvelle"), ainsi que, *ilqaan*, "jeune fille" (ar. *al qayna*, "esclave chanteuse"), *kabbaar*, "cabane" (ar. *qabar*, "tombe"), *aswaan*, "femme" (ar. *al niswân*, "les femmes") et peut-être *altob*, "bouclier" (ar. *al tob*, "l'acte de contrition"?).

On trouve également dans l'argot des Yibro quelques mots dont l'étymologie pourrait reposer sur des parentés linguistiques à vrai dire beaucoup trop lointaines pour être valablement retenues (ainsi pour *lawo*, "eau", l'afar-saho *lay*; pour *deri*, "doigt", le nilo-soudanais *tertere*; pour *laduub*, "pénis", le gawwada *lawte*; pour *haddi*, "feu", le werize *xacce*), ainsi qu'un nombre élevé de mots dont l'étymologie reste obscure, peut-être faute d'investigations plus poussées : *fuf*, "esclave", *ya'un*, "vieux", *lakkab*, "épaule", *jermo* et *imil*, "chameau", *kunooli*, "coeur" ou *kattawa*, "bouche". Il est à peu près sûr en tout cas qu'aucun de ces mots n'est apparenté, de près ou de loin, à l'hébreu, et les affirmations de certains Yibro qui prétendent que leur "langue secrète" est étroitement apparentée à l'hébreu, idiome dont au demeurant ils ignorent tout, ne résistent pas à un examen, même superficiel. Il en va ainsi de l'argot des Yibro comme de ceux des autres communauté *sab/bon* : sans pour autant manquer d'intérêt, notamment sur le plan linguistique, il ne fournit guère plus de clefs historiques sur l'origine de la communauté qui l'emploie que le louchebèm ou le verlan n'en livrent sur les bouchers parisiens ou la jeunesse des banlieues françaises.

---

[1]A. W. Schleicher, *Die Somali Sprache* (Berlin, 1892), p. X.

[2]J. W. C. Kirk, op. cit. (1905), p. 184-85.

[3]R. E. Drake-Brockman, op. cit., p. 210-211.

[4]E. Cerulli, *Il gergo degli gente di bassa casta della Somalia*, in *Somalia*, II, p. 101-113.

[5]L'argot du clan somali des Xarla du Harar, appelé *af xarlaad* et dont E. Cerulli a donné un bref aperçu (cf. *Il gergo degli Harla*, in : *Somalia*, III, p. 223-224) est également un verlan, de même que le *fedwä:* des Fuga qui vivent parmi les Guragé du sud de l'Ethiopie (cf. W. Shack, *The Guragé*, Oxford 1966, p. 9).

Les bardes lépreux

La langue secrète des Yibro n'ouvrant aucune piste susceptible d'éclaircir le mystère qui pèse sur les origines de cette communauté, ou du moins de préciser les indications suggérées par les traditions historiques qui entourent ces origines, on pourra être tenté de rechercher ailleurs d'autres indices, notamment en répondant à cette question : les Yibro forment-ils une communauté unique en son genre, ou sont-ils apparentés, fût-ce de loin, à d'autres groupes qui, dans des régions voisines des localités où ils sont établis, exerceraient des activités analogues?

En contact étroit avec les basses terres, le plateau abyssin constitue, avec ses prolongements méridionaux, un "musée" ethnique d'une extraordinaire richesse et d'une confondante diversité. Les substrats couchitiques, omotiques et nilotiques, que la vague d'immigration sémitique venue de la péninsule arabique n'a pas partout submergés, ont de surcroît laissé subsister un peu partout dans cette mouvante mosaïque de peuples et de cultures de très nombreux groupes marginaux dont le recensement est encore loin d'être achevé. La plupart de ces groupes "castés" se consacrent à des activités en tous points identiques à celles des *sab/bon* des Somali, qu'il s'agisse de la chasse et de ses dérivés (corroyage, tannerie, fabrication d'objets en cuir), d'autres artisanats (ferronerie, vannerie, poterie, tissage, etc.) ou de fonctions rituelles (sorcellerie, divination, exécution de rites médico-magiques, service des souverains coutumiers). Fort curieusement, si l'on se fie à l'état actuel de nos connaissance de ces sociétés, aucune d'entre elles ne semble apparentée aux Yibro de manière suffisamment étroite pour faire réellement progresser notre recherche; lorsqu'on leur parle des Yibro, dont ils ignorent bien entendu l'existence, les Ethiopiens de langue sémitique évoquent cependant spontanément une communauté qui n'a guère beaucoup retenu l'attention jusqu'ici : les *Häminotch* (sg. *Hämina*), parfois appelés *Lalibäla* dans le Choa et *Däbrahom* dans les provinces situées au nord du Nil Bleu.

Le professeur Berhanou Abebe, professeur honoraire à l'Université d'Addis Abeba, francophone émérite dont la vaste érudition n'est que rarement prise en défaut, a consacré, dans le cadre d'une étude sur un document tiré du journal de voyage d'Antoine d'Abbadie (1845-48), quelques développements à ces fameux *Häminotch*[1]. Les *Häminotch*, observe-t-il, sont de mystérieux troubadours dont l'apparition suscite une sorte de crainte superstitieuse, et qui se présentent à l'occasion des banquets de commémoration pour solliciter des aumônes que les Ethiopiens leur accordent volontiers, craignant d'être victime de leur vindicte. On donne généralement à ces parias, dont les malédictions sont redoutées ("le Lalibäla se récrie si on ne lui fait pas assez l'aumône, dit d'ailleurs le proverbe, et le serviteur trahit si on ne le nourrit pas assez"), des morceaux de viande considérés comme impurs, comme le tendon. Les *Häminotch* tirent leur sobriquet de *Lalibäla* du pélerinage qu'ils effectuent chaque année le douzième jour du mois de Sené (aux alentours du 20 juin) à Lalibäla, une petite bourgade perdue dans les montagnes du Lasta, à l'occasion de la fête du roi Lalibäla, auquel est attribuée la construction, au treizième siècle, des étonnantes églises rupestres de la région. Selon une croyance populaire encore très répandue en Ethiopie, le *Hämina*, frappé de quelque malédiction, devient immanquablement lépreux s'il s'avise de cesser de chanter en mendiant.

Le professeur Berhanou Abebe cite à ce propos dans son article une étrange anecdote : un *Hämina* fut pris en 1936 dans une rafle conduite par les occupants italiens (lesquels, soit dit en passant, interdirent sous peine de mort aux troubadours indigènes d'exercer leur art) et interné dans un camp. Lassé d'entendre chaque jour les mélopées du prisonnier, le commandant du camp lui donna l'ordre de se taire. L'infortuné tomba malade aussitôt et, à force de supplications, finit par obtenir l'autorisation de chanter trois matinées par mois. On découvrit lors d'un contrôle de routine que le *Hämina* était atteint d'éléphantiasis testiculaire; il fut opéré et guérit, mais resta persuadé que le mal avait été provoqué par l'interruption, même momentanée, de son activité.

Dépositaires d'une tradition orale dont les richesses restent encore largement méconnues, mais dont la cinquantaine de distiques recueillie par d'Abbadie donne une assez bonne idée, les *Häminotch*, qui ne sont plus aujourd'hui que des bardes maudits, pourraient bien être issus d'une communauté de poètes, sorciers et chroniqueurs qui, dans l'antique Abyssinie, aurait joué le rôle que tiennent en Afrique occidentale les griots. Leur parenté avec les Yibro est, certes, loin d'être établie, d'autant qu'une bonne partie des traditions qui entourent leurs origines et de la malédiction qui pèse sur eux semble s'être perdue à jamais. Si les Yibro n'ont aucunement pour fonction de perpétuer les traditions poétiques des Somali, dont on sait qu'elles mobilisent en permanence les talents des chefs religieux et politiques traditionnels, leur puissance réside cependant dans le verbe; par ailleurs, si les Yibro ne sont pas menacés d'être atteints par la lèpre, les sentiments d'aversion qu'ils provoquent et l'impureté contagieuse qu'ils charrient les assimilent d'une certaine manière aux lépreux; enfin, si le Yibir et le *Hämina* se livrent à des activités qui, à première vue, n'ont pas grand chose en commun, ils tirent tous deux leurs ressources de la crainte irraisonnée que suscite leur apparition lors des réjouissances que leur malice menace de troubler.

---

[1]Prof. Berhanou Abebe, *Hamina, Distiques amhariques d'après une transcription d'Antoine d'Abbadie*, in : *Annales d'Ethiopie*, VIII (1970), p. 89-101.

Griots d'Arabie Heureuse

Ignorant apparemment l'existence des *Häminotch*, les premiers auteurs qui ont fait état de l'existence des Yibro ont volontiers évoqué en revanche leur analogie avec une petite communauté yéménite, celle des *Dawshân*. Dès 1854, Burton signalait ainsi que "les Yebir correspondent aux Dushan d'Arabie du Sud"[1], indication reprise par A. d'Abbadie, qui précisait en 1890 que "les Yibr sont appelés par les Arabes Douchân"[2] et par Ph. Paulitschke, qui faisait état dans son célèbre ouvrage consacré à l'ethnographie de l'Afrique Orientale des "Jebîr, Ebîr ou Jibêr, les Duschân des Arabes, peuple de parias vivant parmi les Somâl"[3]. Pour Kirk également, les Yibro "appartiennent à la même tribu que les Dushan d'Arabie qui, disent-ils, ont les mêmes coutumes et prélèvent le même impôt chez les Arabes", ajoutant même que "selon certains, le prix du sang peut être indifféremment réclamé de tout Musulman par un Yibir ou un Dushan, indépendemment de sa race"[4].

A l'instar des barbiers-circonciseurs, des tisserands, des bouchers, des savetiers, des maraîchers et des employés de hammam, les *Dawshân* yéménites faisaient partie de la catégorie sociale des *'anâdhîl* (sg *'indhîl*), également appelés, pour une raison aujourd'hui inconnue, "Fils du Cinquième". Mais, alors que les groupes *sab/bon*, Midgo, Tumaallo et Yibro, vivent traditionnellement en marge de la société somali, les différents groupes que les Yéménites désignent par le terme de *'anâdhîl* font indéniablement partie de la société villageoise et tribale de l'ancienne Arabie Heureuse, même s'ils se trouvent tout au bas de l'échelle sociale et même si le droit coutumier leur impose des discriminations qui ne sont pas sans évoquer le statut des *sab/bon* somali. Ainsi, traditionnellement, les *'anâdhîl* ne pouvaient porter ni le sabre ni le fusil, et n'étaient pas admis au sein de l'armée. Ils avaient le droit de porter la *jambiya*, poignard au fourreau recourbé qu'arborent fièrement tous les hommes yéménites, mais devaient la placer du côté gauche de la ceinture et non par devant.

La coutume voulait qu'ils fussent bien traités, mais prévoyait que le meurtre d'un *'anâdhîl* fût compensé par le versement d'un prix du sang nettement moins elevé que pour le meurtre d'un Yéménite de moins humble condition. La présence du *Dawshân* ne souille pas la maison où il entre, et l'on ne cherche point à éviter son commerce, mais nul ne saurait, sauf un autre *Dawshân*, lui donner sa fille en mariage; ses enfants sont comme lui des *Dawshân*, et ne peuvent échapper à leur condition qu'en se consacrant à des travaux manuels également tenus en piètre estime.

Parmi les *'anâdhîl*, le *Dawshân* occupe une place singulière, dans la mesure où il n'exerce aucun artisanat. Maître du verbe, il fait en effet office de héraut, portant les messages d'une tribu à l'autre, annonçant la guerre ou la paix, les vengeances et les trêves. Dans l'exercice de ces attributions, il jouit d'une espèce d'immunité; nul ne saurait l'arrêter ni le menacer. C'est ainsi du reste que les femmes qui se rendent en terre étrangère pour s'y marier sont généralement accompagnées par un *Dawshân*, dont la seule présence à leurs côtés garantit leur sécurité mieux que ne saurait le faire une escorte armée. Lors des évènements heureux comme les mariages, les naissances, les circoncisions et les retours du pélerinage de la Mecque, le *Dawshân* se tient aux côtés du barbier (*muzayyin*) mais, contrairement à celui-ci, ne se livre à aucun travail; il se contente de chanter les louanges du maître de céans, de réciter des poèmes historiques ou de divertir l'assistance par ses facéties. Lors des conflits armés, il exhorte les guerriers de sa tribu à faire preuve de courage, improvise des tirades à la gloire des combattants les plus valeureux et accable les lâches de quolibets. Il annonce les nouvelles sur la place du marché, ponctue son discours de roulements de tambour et conclut par ces mots : "Que les présents informent les absents!" En échange des services qu'il rend, le *Dawshân* reçoit, de la part de la communauté au sein de laquelle il s'est établi, une rémunération en espèces ou en nature. Cette rémunération varie selon la générosité et la fortune de celui qu'il abreuve de sa faconde, et en fonction de l'abondance de la moisson, dont il perçoit obligatoirement sa part.

Plusieurs traits font du *Dawshân* traditionnel un personnage aisément reconnaissable. Son abondante chevelure, que son turban noir ne saurait emprisonner, le distingue en effet des autres Yéménites; il est vêtu d'une tunique qui laisse ses bras découverts, et ne sépare jamais de son bâton. Eternel nomade, "homme de partout et de nulle part" selon l'expression de Chelhod[5], perpétuellement à l'affût des réjouissances ou des évènements qui lui fournissent l'occasion d'exercer ses talents, le *Dawshân* vit dans une tente noire pareille à celle des bédouins et que les Yéménites appellent *khidr* ou *khadr*, terme qui désigne en arabe la tenture qui protège les femmes des regards. Pour certains auteurs, cette tente noire constitue une fort intéressante survivance du mode de vie nomade qui prévalait jadis dans toute la péninsule arabique et dont la sédentarisation de la société yéménite n'a laissé subsister aujourd'hui que de maigres traces. De même, les rares *Dawshân* qui continuent à exercer leur art dans une marginalité de plus en plus grande évoquent-il un mode de vie révolu : celui des guerres tribales où les lignages puisaient leur gloire, celui des épopées collectives où se confondent la destinée de la communauté et celle de l'individu, celui des nouvelles que, faute de moyens modernes de communication, seuls les messagers pouvaient faire circuler. C'est ainsi que, observe Chelhod, "le *Dawshân* perd une partie et non la moindre de ses attributions, celle de chantre de l'honneur ancestral"[6]. L'étymologie populaire qui fait remonter le nom des *Dawshân* à *dzu sha'n*, "celui qui est de haut rang", semble du reste accréditer l'idée que les *Dawshân* sont les descendants déchus d'une communauté de dignitaires jadis puissante et respectée.

Quel rapport peut-il y avoir entre ces *Dawshân* et les Yibro de la Corne orientale de l'Afrique, que les auteurs du début du siècle considéraient comme les représentants de la même communauté, établie de part et d'autre du Golfe d'Aden? Un rapport qui apparaît aujourd'hui assez lointain, et qui ne repose, après examen, que sur un faisceau extrêmement mince d'indices. Les réjouissances attirent certes les *Dawshân* et les Yibro, tous deux porteurs d'un bâton, symbole de leur identité nimbée de mystère, et tous deux armés de leur seule et redoutable langue; mais, alors que les premiers exploitent le soin que leurs patrons prennent de leur renom[7], les seconds tirent leur subsistance de la crainte qu'inspirent leurs malédictions. Par ailleurs, si les *Dawshân* et les Yibro se considèrent les uns et les autres comme les descendants de communautés jadis respectées, dignitaires de haut rang pour les premiers, race de sang royal pour les seconds, le droit coutumier des sociétés au sein desquelles ils évoluent leur octroient des statuts fondamentalement différents. En effet, alors que les *Dawshân* font partie intégrante de la société yéménite traditionnelle, même s'ils occupent au sein de celle-ci la place la plus modeste, les Yibro sont des parias au sens originel du terme : leurs services ne sont que rarement sollicités, leur appartenance même à la communauté des musulmans est suspecte et leur seule présence est considérée comme une souillure.

A ce titre, les Yibro apparaissent en fait plus proches d'une autre communauté yéménite, dont on trouve également des représentants à Oman et dans les pays du Golfe : celle des *Akhdâm*. Vivant en marge de la société, les *Akhdâm* sont frappés, à l'instar de nos mages somali, d'un état d'impureté permanent, qui leur interdit parfois l'entrée des mosquées. Ils exercent les métiers les plus dégradants, qui les mettent quotidiennement en contact avec des immondices ou des cadavres. Ils sont portefaix, balayeurs, éboueurs, vidangeurs, chiffonniers et corroyeurs, et ne dédaigneraient pas, dit-on, la chair des cadavres et des animaux morts de maladie. Alors que les hommes monnaient sur les marchés leurs talents de musiciens ambulants et de charmeurs de serpents, les femmes exécutent des danses d'origine apparemment africaine, rythmées au son des tambourins, lisent l'avenir dans des coquillages et, occasionnellement, se livrent à la prostitution. Alain Rouaud ajoute que les *Akhdâm* "sont aussi sorciers, fabriquent des amulettes et vénèrent des pierres phalliques auxquelles ils offrent des oeufs et du lait" et note que, "jusqu'en 1950, date à laquelle le sultan Wahidi les expulsa, ils desservaient sur le territoire des Dhiyab un lieu de culte manifestement païen"[8].

Les *Akhdâm*, qui partagent avec les Yibro une réputation de sorciers vivant en marge de l'islam et qui, à l'instar des Yibro, sont tenus à l'écart de la société en raison de leur impureté, avaient été considérés par certains auteurs comme les descendants directs des anciennes populations himyarites. Ainsi, pour A. Rouaud, "il n'est pas exclu que les *Akhdâm* soient une population résiduelle allogène, oubliée de l'Histoire, que la société yéménite aurait répugné à assimiler; ou encore un groupe émigré d'Afrique"[9]. Se fondant sur l'aspect physique des *Akhdâm*, que leur teint sombre, leurs lèvres charnues et leurs cheveux lisses distinguent de la plupart des autres Yéménites, les traditions orales font parfois de ces parias les descendants des soldats éthiopiens qui envahirent le Yémen en 525 de notre ère à l'époque de la campagne lancée par le négus d'Abyssinie contre le roi Dhu Nuwas, et qui furent condamnés à expier leurs crimes en devenant à jamais les serfs des Yéménites.

---

[1]R. F. Burton, op. cit., vol. I, p. 24.
[2]Antoine d'Abbadie, op. cit., vol. I, p. 340.
[3]Dr Philipp Paulitschke, *Ethnographie Nordost-Afrikas, Die materielle Cultur der Danâkil, Galla und Somâl* (Berlin, 1893), p. 30
[4]J. W. C. Kirk (1904), p. 102.
[5]Joseph Chelhod, *L'organisation sociale au Yémen*, in : *Bulletin de la Société d'Ethnographie de Paris*, 1970, p. 79.
[6]J. Chelhod, op. cit., p. 80.
[7]En ce sens, les *Dawshân* seraient d'ailleurs plus proches des Yaxar (v. supra, p. 30) que des Yibro.
[8]Alain Rouaud, *Les Yémen et leurs populations* (Bruxelles, 1979), p. 147.
[9]Alain Rouaud, op. cit., p. 146.

La salive mortelle

Dans les steppes du nord kényan, entre le mont Marsabit et les rivages désolés du lac Turkana, vit une ethnie nomade qui parle une langue très proche du somali et dont les coutumes sont, pour autant qu'on puisse en juger, très proches de celles des Somali avant qu'ils ne se convertissent à l'islam : les Rendille. Pour les Somali du Kenya, les ancêtres des Rendille étaient des Somali musulmans, venus se réfugier parmi des tribus animistes à la suite de guerres et de razzias. Pour beaucoup d'ethnologues et de linguistes, les ancêtres des Rendille furent laissés sur place par les ancêtres des Somali ou "Proto-Somali" lorsque ceux-ci, quittant les hautes vallées du Jubba et du Shabeelle, se lancèrent dans le courant du premier millénaire de notre ère à la conquête de la Corne orientale de l'Afrique. Si l'on veut bien suivre cette théorie, les 9000 Rendille constitueraient en quelque sorte une survivance de ces "Proto-Somali", dont ils auraient conservé, en dépit de contacts étroits avec la tribu de langue maasai des Samburu, non seulement le type physique (taille élevée, traits fins, peau relativement claire, dolichocéphalie) et la langue, mais également les coutumes et l'organisation sociale. Si l'étude de la société rendille ne fournit pas systématiquement des réponses aux nombreuses énigmes que recèle l'histoire du peuple somali, elle n'en ouvre pas moins des pistes dont l'exploration devrait faire progresser, sur bien des points, la connaissance de la société somali et de son fonctionnement originel.

La société rendille comprend ainsi, à l'instar de celle des Somali, des groupes sociaux auxquels les gens biens nés ne se mêlent point. Si les Rendille n'ont semble-t-il guère de préventions particulières à l'égard de la chasse et du travail du cuir, ils entetiennent avec leurs forgerons (*Tumale*) le même type de relation que les Somali avec les Tumaallo et les Samburu avec les Il-Konono. Bien que les *Tumale* se disent issus de clans rendille (Dubsahay, Urwen et Galdeylan), les Rendille, qui n'accordent aucun crédit à cette prétention, ne se marient jamais avec eux. Ils affirment d'ailleurs que l'enfant d'un homme *tumal* et d'une femme rendille risque de faire dépérir les troupeaux et doit donc être mis à mort dès sa naissance. Les *Tumale* passent en outre pour être capables de jeter le mauvais oeil sur les objets en fer qu'ils fabriquent, et qui blesseront leur propriétaire, et pour chercher en toutes circonstances à provoquer les Rendille afin de leur extorquer des réparations.

Il existe par ailleurs au sein de la société rendille des lignages qu'on désigne par le terme, considéré comme extrêment inconvenant bien qu'il n'ait pas d'étymologie connue, de *Kasigeela*[1]. Des interdits très stricts pèsent sur le mariage des *Kasigeela* avec les autres Rendille : la croyance veut en effet qu'un homme qui aurait des relations sexuelles avec une femme *kasigeela* meure en quelques semaines, et que du sperme des hommes *kasigeela*, assimilé à une "mauvaise urine", naissent des enfants qui apportent le malheur sur les autres et doivent donc être tués par avortement ou dès leur naissance; ces interdits s'étendent du reste jusqu'aux chameaux des *Kasigeela*, lesquels ne peuvent saillir les chamelles appartenant aux autres Rendille. Les *Kasigeela* sont donc contraints, à l'instar des *Tumale*, de pratiquer l'endogamie qui, assimilée par les Rendille à l'inceste, les maintient dans un état de péché et d'impureté permanent. Pour les Rendille, comme l'a observé Günter Schlee[2], les *Kasigeela*, dont on raconte parfois qu'ils sont issus de familles jadis très riches qui, lors d'une terrible sécheresse, avaient refusé de prêter assistance aux autres Rendille, sont tout simplement et par essence "mauvais" (*asuj*). A l'instar des Yibro, ils inspirent un mélange d'aversion (celle-ci s'exprime notamment à travers les interdits en matière de relations sexuelles) et de crainte. On leur prête des pouvoirs occultes, et notamment la maîtrise des diverses techniques de divination : interprétation des rêves, astrologie, jet de sandales ou de cailloux, examen des entrailles.

La société rendille comprend enfin des clans dont le rapprochement avec les Yibro des Somali s'impose encore plus que pour les *Tumale* et les *Kasigeela* : ces clans sont désignés par le terme de *Iibire*. Avant d'évoquer les éléments qui justifient ce rapprochement, il convient de préciser d'emblée que les *Iibire* occupent au sein de la société rendille une place très différente de celle des Yibro au sein de la société somali. En effet, alors que les Yibro ne sont que quelques centaines, près de la moitié des Rendille appartient à des sous-clans dit "*Iibire*"[3], tous les autres sous-clans étant rassemblés sous le terme générique de "*Wakhkamur*"; la division des Rendille entre *Iibire* et *Wakhkamur* semble du reste primer sur toutes les autres. Par ailleurs, si les Yibro sont considérés par les Somali comme des parias, le statut des *Iibire* n'est en rien inférieur à celui des *Wakhkamur*. En dehors de ces deux différences de taille, de nombreux indices plaident en faveur d'une certaine identité entre les Yibro et les *Iibire*.

Le nom, tout d'abord. Si les rapprochements qui ont été faits entre les Yibro et les "Hébreux" paraissent hautement suspects, *Yibro* (sg. *Yibir*) et *Iibire* (sg. *Iibir*) constituent de toute évidence les formes prises par le même mot dans les langues, relativement proches puisqu'elles partagent environ 50 % de leur vocabulaire de base, des Somali et des Rendille. Par ailleurs, de même que les Somali craignent les malédictions proférées par les Yibro, le pouvoir de maudire ou de bénir en crachant constitue la caractéristique principale des *Iibire*, dont les Rendille disent qu'"ils ont de la salive" (*hanjuf akhabta*). C'est dans la salive que résident leurs pouvoirs et c'est, comme le décrit G. Schlee[4], par la salive que ces pouvoirs sont transmis. Il appartient ainsi à un homme *iibire*, qui ne doit pas être le père de l'impétrant, de frotter le front, les épaules et les talons du jeune candidat à l'aide d'un morceau d'ivoire (*hiir*) sur lequel il a préalablement craché afin de le bénir. Les lèvres de l'enfant sont ensuite enduites de miel, symbole des bénédictions qui sortiront de sa bouche, puis effleurées de la pointe d'une flèche empoisonnée, symbole des malédictions qu'il aura le pouvoir de proférer. L'homme crache enfin dans la bouche de l'enfant (on parle de "sucer la langue") en lui disant : "*idey ateh!* Sois pareil à moi-même!" Le jeune *Iibir* devient dès lors capable d'appeler sur autrui la mort, qui sera apportée, selon les alliances occultes du lignage auquel il appartient, par des animaux sauvages (éléphants, rhinocéros, lions ou serpents), par des tribus ennemies comme les Borana ou les Gabbra, par des accidents ou par des maladies telles que le *nabharo*, une sorte de toxidermie dont la description par les Rendille n'est pas sans évoquer les symptômes du syndrome de Layell.

Les bâtons (*bulbul* ou *boqorad*) que manipulent les Yibro et qui constituent en quelque sorte leurs insignes et l'emblème de leurs pouvoirs, évoquent les bâtons appelés *ulehi iibire*, "bâtons des Iibire", *ulehi haru* ou *ulehi weysi*, "bâtons de prière", que les *Iibire* taillent dans le bois des arbres *kullum* (*Balanites orbicularis*) ou *eyjeer* (?) lorsqu'ils se marient. Ces bâtons, qui évoquent ceux que détiennent les grands-prêtres de plusieurs tribus animistes de langue couchitique, comme les Tsamay de la rivière Sagan et les Arbore du Lac Stéphanie, incarnent le pouvoir des *Iibire* et ne peuvent en aucun cas être utilisés sans risque de mort par des *Wakhkamur*. Jadis, dit la légende, tous les Rendille étaient des *Iibire* et possédaient des bâtons. Leurs malédictions menaçaient cependant de provoquer l'extermination de toute la tribu; il fut décidé alors que tous les Rendille se rassembleraient autour d'un cratère et y jetteraient leurs bâtons. Mais, alors que les ancêtres des *Wakhkamur* s'exécutèrent, ceux des actuels *Iibire* gardèrent leurs bâtons, grugeant ainsi leurs frères.

Il convient d'observer à ce stade qu'un Rendille peut être à la fois *Iibire* et *Kasigeela* (voir notes 1 et 3) : c'est le cas des membres du sous-clan des Adisomole, l'un des quatre sous-clans du clan des Urwen. Les Adisomole constituent une communauté qui, réalisant la synthèse des deux précédentes, évoque de manière frappante celle des Yibro : en effet, comme ceux-ci, les Adisomole sont craints en raison de leurs pouvoirs, qu'il s'agisse de la faculté proprement *iibire* d'appeler la mort sur autrui ou du don de prophétie qu'on attribue plus particulièrement aux *Kasigeela*; à l'instar des autres *Kasigeela* mais contrairement aux autres *Iibire*, ils n'en sont par moins considérés comme suffisamment "mauvais" pour que leur union avec d'autres Rendille fasse l'objet d'interdits très stricts.

---

[1]Parmi les neuf clans des Rendille, cinq comprennent des lignages dits *Kasigeela*: les *Dubsahay* (avec les sept lignages du sous-clan des *Gudere*), les *Rengumo* (avec les deux lignages du clan des *Aycha*), les *Nahagan* (avec six des huit lignages du sous-clan des *Galgorowle*), les *Urwen* (avec les cinq lignages du sous-clan des *Adisomole*) et les *Tubcha* (avec une famille du sous-clan des *Deele*).

[2]G. Schlee, *Das Glaubens- und Sozialsystem der Rendille, Kamelnomaden Nord-Kenias* (Berlin, 1979), p. 199.

[3]Les *Iibire* comprennent l'un des sept sous-clans du clan des *Dubsahay* (les *Wambile*), cinq des six sous-clans du clan des *Saale* (*Nebey*, *Galoroyo*, *Goborre*, *Gobanay* et *Gabanayo*), l'un des quatre sous-clans du clan des *Urwen* (*Adisomole*), le plus important des quatre sous-clans du clan des *Galdeylan* (*Galora*) et l'un des deux sous-clans du clan des *Tubcha* (*Galalle*).

[4]G. Schlee, op. cit., p. 181-182.

La source sacrée

La confrontation des légendes et des faits n'apporte pas de réponse réellement satisfaisante à l'énigme que représentent les Yibro, dont on peut dire sans craindre de se tromper que, même s'ils continuent de revendiquer leur identité, ils auront abandonné leurs activités traditionnelles dans une génération au plus tard. Contrairement aux forgerons, dont les activités répondent à de réels besoins, et aux chasseurs qui, après la disparition du gibier, ont réussi à se reconvertir dans divers artisanats parfois rémunérateurs, les Yibro n'ont plus en effet, dans la société somali moderne, ni de véritable raison d'être, ni les moyens de subsister par leurs seuls talents de bouffons et de jeteurs de sorts. L'enquête que j'ai menée sur cette communauté dispersée et peu nombreuse a été à l'évidence engagée trop tardivement pour que la somme des traditions vivantes qu'elle a permis de recueillir l'emportât sur celle des souvenirs confus qu'ont laissés des pratiques révolues et des croyances moribondes. Tout au plus aura-t-elle permis d'écarter quelques fausses pistes, de faire justice de l'une ou l'autre fable, d'identifier une poignée de témoignages dignes de foi et de hasarder quelques hypothèses.

De nombreux indices font supposer ainsi que les Yibro descendent d'une communauté qui, au sein du peuple somali, fut jadis puissante et respectée. Les traditions orales des Somali font en effet de l'ancêtre des Yibro, Maxamed Xaniif, un roi investi de pouvoirs dont la caractère absolu est symbolisé par l'exercice du *jus primae noctis* que lui attribue la légende. La coutume qui prévalait jadis au sein des *sab/bon*, et qui continue semble-t-il d'être observée chez les *sab* de Djibouti, attribuait aux Yibro une sorte de primauté, au nom de laquelle leur était d'ailleurs confié le soin d'arbitrer les litiges survenus au sein de la communauté[1]. La canne dont les Yibro se servent dans leurs exercices de prestidigitation et qui constitue la marque la plus visible de leur identité évoque par ailleurs de manière frappante les bâtons qui, chez les peuples couchites animistes[2], incarnent les pouvoirs rituels du grand-prêtre-faiseur de pluie ou symbolisent à l'instar du sceptre le puissance du souverain coutumier. Faut-il rappeler à cet égard que, dans leur argot, certains Yibro désignent ces bâtons par le terme de *boqorad*, qui signifie "la reine"? L'irréfutable parenté qui unit les Yibro des Somali aux Iibire des Rendille, également possesseurs de bâtons magiques, laisse enfin entrevoir l'importance de la place qui, au sein de la société somali anté-islamique, était celle des ancêtres des Yibro; loin d'être des parias, ceux-ci appartenaient très certainement à un clan dominant, voire formaient à l'origine l'une des principales fractions du peuple somali.

L'épisode de l'affrontement entre Maxamed Xaniif et le cheikh 'Aw Barkhadle, que les sources historiques permettent de situer avec quelque certitude entre la fin du douzième siècle et le début du quatorzième siècle, éclaire les circonstances dans lesquelles les ancêtres des Yibro ont été dépossédés de leur pouvoir et progressivement marginalisés jusqu'à être réduits au rang de véritables parias. On sait en effet que l'islamisation des clans somali, à partir du neuvième siècle de notre ère, a eu pour effet de substituer aux lignages souverains traditionnels de nouvelles dynasties, fondées par des immigrants arabes qui se disaient systématiquement apparentés à la famille du Prophète. Dans certains cas, la transition fut pacifique; dans d'autres, elle fut plus mouvementée et donna même lieu à des affrontements. Parmi tous les clans soumis à la nouvelle religion, celui dont les Yibro sont issus offrit apparemment la résistance la plus farouche à l'enseignement du Coran, au point que les Yibro sont encore aujourd'hui considérés comme des demi-païens.

On a vu que les arguments développés depuis quelques années par certains Yibro qui se réclament d'origines juives sont loins d'être pleinement convaincants et relèvent, dans plus d'un cas, de la fabrication pure et simple. Dans la mesure où de fortes influences juives se sont exercées au cours des siècles sur les populations chrétiennes des hauts plateaux d'Abyssinie, et n'ont pu manquer d'atteindre plus ou moins directement les civilisations nomades de l'est de la péninsule, des origines "juives" ont volontiers été attribuées, notamment par les Somali, à des communautés dont l'ancienneté et la singularité évoquait des origines antérieures à l'islamisation, sans pour autant que le moindre élément de nature historique ou linguistique ne vienne étayer ces traditions. Par ailleurs, l'exemple des Fälasha et des Falash Mura qui, en dépit de leur judéité douteuse, ont été "rapatriés" en Israël en vertu de la Loi du Retour, a pu inspirer en d'autres lieux quelques vocations, ne serait-ce que dans le but d'attirer l'attention de la communauté internationale et de certains donateurs particulièrement sensibles au sort des "Juifs perdus".

Si le mythe des origines juives ne résiste pas à l'épreuve des faits, les Yibro n'en incarnent pas moins la survivance de certaines coutumes anté-islamiques, du reste largement responsables de l'opprobre qui les accable. La source dans laquelle Xanfalay plonge les Yibro à leur mort, de même que le bosquet de Harar dans lequel ils se rendaient jadis en pélerinage pour y confectionner leurs amulettes évoque le culte des sources et des arbres sacrés, qu'on sait particulièrement vivace chez les Couchites animistes, notamment chez les Oromo qui, à l'instar des Somali, continuent d'ailleurs de vénérer les sycomores et de tenir leurs assemblées à proximité des bois ou à l'ombre de l'"arbre des *djinns*"[3]. Il n'est pas impossible par ailleurs que les pratiques alimentaires des Yibro, qu'on sait relativement laxistes, et la réticence que semblent leur inspirer les mutilations sexuelles féminines (coutumes qui, en l'espèce, ne peuvent être rapprochées de celles qui sont pratiquées par les Couchites animistes), proviennent d'un lointain héritage "pré-couchite", peut-être nilote ou bantou. Enfin, les redoutables malédictions que les Yibro ont le pouvoir de proférer, et dont leur marginalisation a, conformément à un schéma habituel, accru la virulence aux yeux des autres Somali, résultent d'un pouvoir très ancien, qu'ils détenaient avant de devenir un groupe casté et que les Iibire des Rendille continuent du reste d'exercer.

Les Yibro ne sont sans doute pas, comme on l'a parfois supposé, les descendants directs d'un peuple animiste ou juif établi dans le nord de la péninsule avant l'arrivée des Somali. Ils sont probablement issus, à l'instar des clans qui se réclament de Samaale[4], des premiers Somali qui, venant des collines du Sidamo où le Jubba et le Shabeelle prennent leur source et d'où sont également partis les ancêtres des Rendille, investirent les collines du Harar et atteignirent, vraisemblablement avant la fin du premier millénaire de notre ère, les rivages du Golfe d'Aden. Mais, alors que la plupart des clans acceptèrent de se convertir à l'islam et d'intégrer à leurs lignages souverains les "santons" venus d'Arabie, les ancêtres des Yibro, héritiers des traditions ancestrales du peuple Somali dont ils étaient peut-être les gardiens, refusèrent apparemment de renoncer à leur pouvoir. Accusés alors d'être des supôts du paganisme, ils furent exclus des généalogies qui font remonter tous les Somali à la famille du Prophète, peu à peu déchus de leurs prérogatives et finalement considérés comme des parias plus vils encore que les forgerons et les chasseurs-tanneurs. Réduits par l'effet de leur isolement social à une faiblesse numérique qui leur interdit progressivement toute action politique concertée, ils se dispersèrent parmi les autres clans somali à la faveur de la grande migration qui conduisit ceux-ci, cette fois du nord vers le sud, à la seconde conquête de la Corne, et achèvent aujourd'hui de disparaître au terme de sept siècles d'une existence précaire et vouée à la marginalité.

---

[1]V. supra, p. 23, 55 et 84.

[2]Le chef (*bogolko*) des Tsamako de la rivière Wäyto, le chef (*kawot*) des Arbore du lac Stéphanie et les prêtres (*godimi*) des Baka de la moyenne vallée de l'Omo possèdent des bâtons, symboles de leur autorité et de leur pouvoir ; on songe également aux bâtons (*dongen*, sg. *donga*) dont les peuples nilo-soudanais du groupe dit "Surma" (Mursi, Chai, Tirma et Bale), établis dans le sud-ouest de l'Ethiopie, se servent durant leurs combats rituels.

[3]Cf. l'arbre "halimalah" évoqué par R. Burton, op. cit., vol. II, p. 143 (v. égal. supra, p. 101).

[4]Essentiellement nomades, les clans somali Dir, Daarood, Isaaq et Hawiyye affirment descendre de Samaale et se considèrent comme les Somali "véritables",

par opposition aux clans de la confédération Sab (notamment Digil et Raxanweyn), qui se livrent à l'agriculture et à l'élevage sédentaire dans les terres fertiles situées entre le Jubba et le Shabeelle, et se disent issus de Sab, un "cousin" roturier de Samaale.

L'ENTREE EN POLITIQUE

Niman iga nixin anaa iskaga nool
Ne compte pas sur les autres
pour prendre soin de ta propre vie

Par delà la coutume

Quoique dispersés, privés de tout pouvoir politique et systématiquement écartés des réunions au cours desquelles les chefs, les anciens et les guerriers ont coutume de s'exprimer, les *sab/bon* ont pris conscience de leur identité plus tôt qu'on ne le croit généralement. Cette prise de conscience est cependant restée pendant longtemps trop fragmentaire et trop isolée pour exercer une quelconque influence sur l'histoire politique des clans somali ou faire évoluer le statut des castes de parias.

Pour peu enviable qu'il ait été à l'époque où la société somali n'avait encore été exposée que de manière marginale aux influences extérieures, le sort des *sab/bon* n'a pas été pour autant aussi systématiquement et universellement misérable que ne le laissent supposer les dispositions du droit coutumier. La manière dont les *sab/bon* étaient traités a en effet pu varier selon les époques et selon les régions. Ainsi, alors que certains clans, comme ceux des Isaaq ou des Hawiyye, passent, sans doute avec quelque raison, pour être plus attachés que d'autres aux discriminations qui confinent leurs "clients" dans un statut de stricte infériorité, d'autres, comme les Daarood Ogaadeen et Mareexaan, ont hérité de leurs ancêtres anté-islamiques ou emprunté à leurs voisins oromo des coutumes qui les rapprochent des *sab/bon*, comme la pratique de la chasse ou la consommation de gibier et de breuvages à base de lait et de sang. C'est ainsi que des clans entiers sont tenus, à l'aune du système de valeurs qui prévaut au sein des communautés strictement pastorales du nord et du centre de la péninsule, comme des Somali de seconde zone; les généalogies dont ils se réclament sont considérées comme suspectes et l'importance en leur sein des communautés *sab/bon* rend d'autant plus improbable l'absence de ces métissages qui, aux yeux des clans du nord, ont eu pour effet de corrompre dans le sud du pays, d'où les Oromo et autres païens n'ont été refoulés que récemment, la pureté de la "race somali". Les Isaaq et les Daarood Dhulbahante, qui tirent exclusivement leur subsistance de l'élevage, n'affirment-ils pas d'ailleurs que les Ogaadeen et les Mareexaan ne sont, malgré l'ascendence "noble" dont ils se réclament, que des Midgo?

Certains éléments laissent supposer par ailleurs que la discrimination établie par le droit coutumier entre Somali et *sab/bon*, dont on sait qu'elle est tout à fait contraire aux préceptes de l'islam, a depuis longtemps été remise en cause, par des Somali ou par les *sab/bon* eux-mêmes. C'est ainsi que certains chefs coutumiers, comme le *boqor* 'Ismaan Maxamuud Yuusuf, qui fut le souverain des Majeerteen après 1861, ordonna que les *sab/bon* qui vivaient sous sa protection fussent considérés comme faisant partie de sa lignée et qu'ils jouissent des mêmes droits que les autres membres du clan[1]. C'est également chez les Majeerteen, décidément mieux disposés que les autres clans somali à l'égard des *sab/bon*, que se situe la légende de Ayyax Dhawre, dont la mémoire est pieusement entretenue par les traditions orales des Yibro, qui le considèrent généralement comme l'un des leurs.

Selon le récit que me fit en septembre 1998 l'un de mes informateurs, Axmed Sheekh Timajire, Ayyax Dhawre était un homme brave, généreux et fier. Il vivait avec les Majeerteen Reer Khalaaf et, chose étonnante pour un Yibir, possédait des centaines de chameaux, de boeufs et de chèvres. Il participait comme les autres guerriers du clan aux razzias et devint même, à la faveur de son courage et de ses talents militaires, le chef des guerriers Reer Khalaaf. C'est alors qu'un de ses fils surprit un Reer Khalaaf qui tentait de violer sa soeur encore vierge, et qu'il le frappa. Doublement insultés par les coups qu'un *sab* avait portés sur l'un des leurs et par l'humiliation que celui-ci avait essuyée (car, non content d'avoir tenté d'avoir des relations sexuelles avec une femme *sab*, il en avait été empêché et "son pénis avait frotté la terre"), les Reer Khalaaf exigèrent le versement de soixante-dix chameaux. Ayyax Dhawre refusa de payer et prononça ces paroles, restées célèbres dans tout le Bari et le Mudug :

Qooraha waxaa looga simay waysku wada qeyre
Qabqab dhaafay bay labo qabiil qaran ku weydaa
Qabkaad Mudug la joogtaan rag ways ku qatalmaysaan
Waa qaydar loow kaaga go'ay hadalka qaarkiise
Qabki ina Xaliimoo kalaad iga qodeeysaan
Qabbaan nimo haddaad iga rabto iyyo ii qasaal marada
Alleylehe ilaah iguma qaban qoodhay xeraday
Qalax iyyo haddaan Ari 'ad dego ma adigaa i qooran
Haddaan qoonka reer Diini gali qaalli baan noqon

"Les testicules ont été données à tous les mâles car ils sont tous égaux
Lorsqu'un clan se croit supérieur à un autre, il finit par perdre son identité
La manière dont vous vous comportez dans le Mudug créera des querelles avec le peuple
Certains propos sont pareils à une épine de l'acacia *qeydar*[2] qui vous entrerait dans le genou
C'est le complexe de supériorité des fils de Haliimo [3]que vous éprouvez à mon endroit
Tu me demandes d'être un esclave qui lave tes vêtements
Mais, par mes testicules et par mes biens, Allah ne m'a pas créé ainsi
Si je m'en vais à Qalax et et Ari 'Ad, vous ne me verrez plus
Si j'en m'en vais chez les Reer Diini, ils feront du moi leur juge suprême[4]".

Ayant dit cela, Ayyax Dhawre prit le maquis après avoir abandonné tous ses biens et tua lui-même vingt-quatre Reer Khalaaf à coup de flèches. Lorsqu'une expédition armée fut lancée contre lui, il quitta le pays des Daarood Majeerteen pour se réfugier avec toute sa famille plus au sud, chez les Daarood Mareexaan. Un groupe de médiateurs conduit par un certain 'Iigal 'Aaymod fut alors envoyé par le chef des Reer Khalaaf afin de règler le litige. Ayyax Dhawre fit mine d'accepter la médiation, mais resta chez les Mareexaan, ce qui fit dire à 'Igaal 'Aaymod : *Ayyax tag, eelna reeb*, ce qui se traduit par : "Ayyax est parti en laissant les problèmes derrière lui" (*ayyax* signifiant "locuste" en somali, le dicton est également traduit par "les criquets sont partis en laissant derrière eux leurs oeufs, dont naîtra la prochaine invasion"). Les descendants d'Ayyax Dhawre, précise le récit, se marièrent avec des Somali nobles, Isaaq, Dir et Ogaadeen.

La légende d'Ayyax Dhawre, qui repose à n'en pas douter sur des faits réels, immédiatement antérieurs, semble-t-il, à l'arrivée des premiers colons européens (soit vers le milieu du dix-neuvième siècle), démontre que des individus ont réussi, par leur autorité ou leur fortune, à s'affranchir du carcan d'un droit coutumier dont la rigueur a pu varier dans l'espace et dans le temps. Ces tentatives individuelles n'ont pas eu pour effet d'abolir les discriminations qui ont continué pendant longtemps de maintenir les *sab/bon* dans un statut d'infériorité. Elles ont incontestablement préparé cependant le terrain qui, à partir du début du siècle, a été investi par le nationalisme somali.

---

[1]V. supra, p. 33-34.

[2]*Qeydar* ou *qaydar* désigne une variété d'acacia (*Acacia stuhlman*).

[3]Appeler quelqu'un en mentionnant le nom de sa mère (et non de son père comme c'est l'usage) est considéré comme une insulte.

[4]Ignoré des lexiques, qui traduisent "juge" par *qadi* (terme emprunté à l'arabe), le mot *qaalli* doit sans doute être rapproché de l'oromo *qalluu*, "grand-prêtre".

Le nationalisme contre les clans

Suscité par le partage des terres peuplées de Somali entre les différentes puissances coloniales qui, à la fin du siècle, se disputaient le contrôle de la Corne de l'Afrique (Italie, Grande-Bretagne, France et Ethiopie), le nationalisme somali a progressivement développé trois postulats : l'existence d'une identité qui, au-delà des frontières coloniales, réunirait tous les Somali et justifierait les thèses du pan-somalisme; l'exaltation des valeurs islamiques qui contribueraient à façonner cette identité; l'aspiration à une "nation somali", dont la construction serait gênée et même empêchée par le clanisme, en l'occurence qualifié de "tribalisme".

La vaste et longue insurrection menée de 1899 à 1920 par celui que les Britanniques appelèrent le "Mad Mullah", Maxamed 'Abdille Xasan, fut sans doute la première grande manifestation du nationalisme somali. A la tête des ses "Derviches", le "Mad Mullah" tenta -sans succès d'ailleurs- de rallier à sa bannière tous les clans somali, mais ne chercha nullement cependant à nier l'existence de ces clans ou même d'en limiter l'influence; de même, il mena la guerre sainte contre les infidèles et répandit l'enseignement de la confrérie religieuse fondée par le *sayyîd* Muhammad Sâlih (la *saalihiyya*), mais ne prôna pas pour autant l'abolition des castes, dont l'existence est pourtant contraire à l'enseignement de l'islam. C'est ainsi qu'avant d'être un chef religieux, Maxamed 'Abdille Xasan resta avant tout un Somali Daarood, fidèle à la double identité clanique qu'il tenait de son père Ogaadeen et de sa mère Dhulbahante. Il tenait en piètre estime les Isaaq, qu'il qualifiait dans ses poèmes d'"Abyssins" et dont il raillait volontiers la stupidité[1] et, dans ses interventions publiques, eut à l'égard des groupes castés les mots les plus méprisants. Dans son célèbre poème sur le "Chemin de la Damnation", sermon dans laquel il assimile tous ses ennemis aux ennemis de l'islam, il voue ainsi les Yibro à la géhenne : *Walwalkii Jannada inaan Yibruhu waa na urin weeye, Waddada naarta loo maro inay walagsadaan weeye*, "le sort qui attend les Yibro est de ne jamais respirer le doux air du Paradis, leur destin est de se traîner péniblement sur le chemin de l'Enfer"[2].

Aussi les premières tentatives d'émancipation des *sab/bon* ne furent-elles pas l'oeuvre des premiers nationalistes somali, encore trop attachés à leurs réflexes claniques pour se préoccuper du sort des groupes castés, mais résultèrent des réformes administratives introduites par le colonisateur. Même si, contrairement à ce qui se produisit dans d'autres pays d'Afrique, ni les Français, ni les Britanniques, ni les Italiens ne cherchèrent en Somalie à émanciper les groupes castés pour former des élites mieux disposées à leur égard, la mise en place de règlements indépendants du droit coutumier et applicables aux "indigènes" sans distinction de clan eut pour effet, notamment dans le sud du pays, de partiellement affranchir les *sab/bon* des statuts discriminatoires auxquels ils étaient soumis en vertu du droit coutumier. Evoquant les dispositions de ces statuts, et notamment le châtiment encouru par ceux qui enfreindraient l'interdiction faite aux Somali de se marier avec des *sab/bon*, un informateur issu du clan des Gaalje'el indiquait du reste à E. Cerulli dès 1919 -c'est-à-dire six ans à peine après la prise de contrôle, par les troupes italiennes, des territoires de la moyenne vallée du Shabeelle occupés par les Gaalje'el- que "maintenant, on a peur du Gouvernement; on ne peut plus faire de différences; on ne peut plus tuer (les contrevenants); les noces d'un *bon* sont comme les nôtres. Si on veut épouser une fille *bon*, on parle avec son patron; s'il refuse, tant pis! On donne les bêtes au père de la fille"[3].

Lorsque se forment, dans les années vingt et trente, les premières associations nationalistes somali, comme l'Association Islamique Somali, la Société Nationale du Somaliland et le Syndicat des Fonctionnaires Somali, les idées de lutte contre le clanisme et d'ouverture au progrès ont déjà fait leur chemin. L'islam fédérateur dont se réclament en 1943 les fondateurs du *Somali Youth Club* est, contrairement à celui des Derviches du "Mad Mullah", un islam résolument assorti d'idéaux modernistes et progressistes; le programme de la *Somali Youth League*, qui succède au S. Y. C. en 1947, est en effet l'unification de tous les Somali et l'abolition de tous les préjugés, "ainsi par exemple les distinctions tribales et claniques ". Ces pieuses déclarations ne font, certes, pas disparaître du jour au lendemain les discriminations dont les *sab/bon* sont les victimes, pas plus qu'elles n'effacent les rivalités claniques qui, à la veille de la réunification du *Somaliland* britannique et de la *Somalia* italienne, continuent de faire rage par partis politiques interposés. Lorsque se mettent en place les institutions du jeune Etat, né le 1er juillet 1960, la répartition des postes politiques entre les différentes confédérations claniques s'effectue d'ailleurs sans qu'aucun représentant des communautés *sab/bon* ne soit associé au pouvoir au-delà des niveaux les plus subalternes de l'administration.

Le régime militaro-socialiste mis en place par le général Maxamed Siyaad Barre après le coup d'Etat du 21 octobre 1969 s'attaque de front au clanisme, considéré comme le principal obstacle au progrès. Toute référence aux clans est prohibée dans le vocabulaire officiel et l'émancipation des *sab/bon* est affirmée avec d'autant plus de force que l'un des cinq membres de la junte qui a pris le pouvoir est un Tumaal issu d'une famille traditionnellement inféodée au clan souverain des Majeerteen, le Général Maxamed 'Ali Samatar. Celui-ci reste, jusqu'à la chute du régime en janvier 1991, le plus fidèle allié de Siyaad Barre, exerçant tour à tour au sein des gouvernements formé pendant le règne de celui-ci les fonctions-clé de Ministre de la Défense, de Premier Ministre et de Premier Vice-Président; alors que la base clanique du pouvoir ne cesse de s'effriter, passant de la coalition dite " M.O.D. " (Mareexaan-Ogaadeen-Dhulbahante) aux seuls Mareexaan, puis enfin à la seule famille du Président, Maxamed 'Ali Samatar demeure, jusqu'au bout, un fidèle d'entre les fidèles.

Nul Somali n'ignore cependant, et les *sab/bon* encore moins que les autres, que le général Samatar a mis sa loyauté au service du dictateur, et non à celui de la communauté dont il était issu. Pas plus que le Général Yuusuf Axmed Salxaan, un Madhibaan qui fut de 1973 à 1980 le Commandant militaire de Hargeysa, ou que 'Aman Sheekh 'Ali Samatar, député au Parlement, également Madhibaan, il ne s'employa à défendre la cause des siens. Comment eût-il du reste pu le faire, puisque la Révolution de 1969 avait officiellement aboli l'existence des clans et proclamé l'égalité de tous les Somali?

---

[1] *Idoorku weligis inuu wadal ahaa weeye*, "la destinée des Isaaq (*Idoor* est le nom péjoratif que les Somali Daarood donnent parfois aux Somali Isaaq) est de rester pour toujours aussi stupides que des ânes" (dans le poème sur le Chemin de la Damnation, cf. B. W. Andrzejewski et I. M. Lewis, op. cit., p. 84 et 85); *Hingaar naago ka ma guursadeen Habar Magaadlaay e*, "ils n'auraient pas épousé les femmes stupides du clan des Habar Magaadle" (dans le Message aux Ogaadeen, cf. B. W. Andrzejewski et I. M. Lewis, op. cit., p. 98 et 99; les Habar Magaadle forment, avec les Habar Xabuusheed, les deux principales fractions du clan des Isaaq).

[2] Cf. B. W. Andrzejewski et I. M. Lewis, op. cit., p. 86 et 87.

[3] E. Cerulli, *Le basse caste presso gli Hawiyya*, in : *Somalia*, vol. II, p. 288-89 et 292-293. On remarquera que l'informateur évoque le mariage d'un Somali avec une fille *bon*, mais n'envisage pas un instant le mariage, autrement plus scandaleux, d'un *bon* avec une fille somali.

Les premiers partis politiques

En avril 1985, deux intellectuels réfugiés à Londres, tous deux issus du clan des Madhibaan, Maxamuud Xuseen Faarax "Rayyiis" et Ibraahim Maxamed Diriye "Saxardiid", entreprennent de publier chaque mois un pamphlet qui, intitulé "*Baidari Voice*"[1], s'emploie à faire connaître à la communauté internationale l'existence des communautés somali castées, dont on s'efforce au passage, selon une habitude très répandue chez les Somali, d'exagérer l'importance : dans un document diffusé en 1986, le nombre des *sab/bon* est ainsi estimé à 20 % de la population de Somalie, à 10 % de la population somali du Harar et de l'Ogaadeen éthiopiens, et à 2 % de la population de Djibouti. *Baidari Voice* évoque abondamment les discriminations dont les communautés *sab/bon* sont victimes en Somalie, observe que le Parlement somalien ne comprend que deux élus issus de cette communauté, Yuusuf Axmed Salxaan et 'Aman Sheekh 'Ali Samatar, et déplore l'indifférence manifestée par le Général Maxamed 'Ali Samatar, Ministre de la Défense, à l'égard de son "peuple" : "C'est précisément ce Samatar, écrit *Baidari Voice* en 1985, qui est systématiquement contre nous, et qui prend plaisir à nous voir méprisés et publiquement humiliés"[2]. Le pamphlet ne se prive pas d'attribuer à l'islamisation les dispositions du droit coutumier relatives au statut des *sab/bon* : "Lorsque les cheikhs arabes arrivèrent en Somalie au treizième siècle, écrit Ibraahim Maxamed "Saxardiid" en paraphrasant une célèbre observation de Jomo Kenyatta à propos des colons britanniques et de la Bible, nous les Baydari avions la terre et ils avaient le Coran. Ils nous apprirent à prier les yeux fermés et, lorsque nous les rouvrîmes, ils avaient la terre et nous avions le Coran."

Les contacts établis entre les dirigeants des Baydari et les représentants de l'ambassade de Somalie à Londres permettent de conclure en octobre 1986 un accord aux termes duquel il était mis fin à la publication de *Baidari Voice*, en échange de l'engagement, pris par le gouvernement somalien, de mettre en oeuvre dès que possible des réformes visant à promouvoir les droits des groupes castés. Alors que le régime dictatorial du Général Maxamed Siyaad Barre entre dans une phase de lutte pour sa survie et que l'autorité de l'Etat se dilue chaque jour davantage, en proie à ses dérives mafieuses, l'heure n'est pourtant pas à la protection des minorités. Le Dr Ibraahim Maxamed "Saxardiid" réclame en vain la mise en oeuvre des réformes promises et Maxamuud Xuseen Faarax est arrêté à Hargeysa par les tristement célèbres Services de Sécurité Nationale (N.S.S.) et emprisonné pendant un an.

C'est en janvier 1991, quelques jours à peine avant la chute du régime de Siyaad Barre, que d'autres représentants des groupes castés conduits par Maxamuud Xuseen Faarax créent à Bonn, après avoir été réduits au silence pendant trois ans, le *Dhaqdhaqaqa Xuququul Insaanka Ummada Baydariyeed*, "Mouvement des Droits civiques de la Communauté Baydari". Celui-ci recommence la publication du "*Baydari* (et non plus *Baidari*) *Voice*", dont le but est "d'unifier tous les *sab*/*bon* de Somalie, d'Ethiopie, de Djibouti, du Kenya et de la diaspora sous le nom de Baydari", et de renforcer sous cette bannière l'identité de groupes à la fois peu nombreux, dispersés et souvent différents les uns des autres. Le Comité du Mouvement des Droits civiques dénonce avec autant de violence le gouvernement somali et les "soi-disant groupes d'opposition" (les Daarood Majeerteen du Front Démocratique du Salut Somali, les Hawiyye du Congrès Somali Unifié et les Isaaq du Mouvement National Somali), qu'il accuse de commettre régulièrement les pires exactions contre les Baydari[3].

L'euphorie qui accompagne, durant les premiers mois de l'année 1991, la chute presque simultanée des dictatures du colonel Mengistu en Ethiopie et du général Siyaad Barre en Somalie est, comme on pouvait s'y attendre, propice à la prolifération de partis politiques à base ethnique ou clanique. Alors que, dans les régions peuplées de Somali, des dizaines de clans se dotent d'organisations politiques, les *sab*/*bon* profitent naturellement de cette vaste floraison pour faire eux aussi leur entrée dans la politique. C'est ainsi que se crée dès le 25 octobre 1991 à Abou Dabi le parti des "Racines Somali Unifiées" (*Issuttaga Xididdada Soomalidda*, plus connu sous son nom anglais de *United Somali Roots*), dont les dirigeants sont essentiellement issus de groupes castés inféodés aux Daarood Majeerteen, Dhulbahante et Warsangeli[4], et dont le président est un Madhibaan, le Dr Axmed Maxamed Muuse "Dakir". En avril 1992, les *sab/bon* d'Ethiopie se dotent à leur tour d'un parti politique, l'Organisation Démocratique des Gaboyye d'Ethiopie[5], dont le siège est établi à Jigjiga et la présidence confiée à Axmed 'Abdi Jeex, un Hawle. Enfin, c'est dans le courant de l'année 1992 qu'est également fondée l'Association des Gaboyye de Djibouti, mouvement dont Axmed Xuseen Axmed, un Yibir fils du *qadi* des *sab* de Djibouti, Xuseen Axmed Xasan, est nommé Président.

---

[1]Le terme *Baydari*, "chasseurs", désigne parfois les *sab/bon*, notamment les chasseurs-tanneurs midgo (cf. supra, p. 26).

[2]A Siyaad Barre, qui prônait l'égalité de tous les Somali, Maxamed 'Ali Samatar aurait un jour demandé la main de sa fille. Le dictateur se serait tiré d'affaire en répondant : "Je n'ai rien à décider à ce sujet; si tu veux l'épouser, demande-lui son avis, et tu verras bien ce qu'elle te dira".

[3]Parmi ces exactions, *Baydari Voice* mentionne le génocide de plusieurs milliers de Baydari par les rebelles du M.N.S., de F.D.S.S. et du C.S.U., l'assassinat par le M. N. S. à Bur'o en 1988 de 'Ali Jaama' "Lugyar", fondateur d'une milice clanique *sab* appelée *Ersan Kayeedh* ("qui fait exploser les étoiles"), et l'assassinat par le C.S.U., en juillet 1990 à 'Eel Buur, d'un certain Nuure Xashi et de ses trois neveux.

[4]Le Dr Axmed Maxamed Muuse "Dakir", actuellement aux Etats-Unis, est resté président honoraire du mouvement, dont le directeur exécutif (chairman) est, depuis 1997, Maxamuud Xuseen Faarax "Rayyiis"; le poste de vice-président, qui avait été confié en 1991 au General Axmed Maxamed Xeyd, un Muuse Dheriyyo, est vacant depuis 1993 et confié *de facto* au Secrétaire Général de l'U.S.R., 'Aydaruus Maxamed 'Abdi "Duufaan", un Madhibaan. Parmi les membres fondateurs du mouvement, on trouvait également un Tumaal (Xuseen 'Ismaan Khayr), trois autres Madhibaan (Axmed Jaama' Samatar, 'Ali Maxameds 'Abdi et Maxamed Mire Bootaan), un Muuse Dheriyyo (Kayd 'Abdullaahi 'Abdi), un Hawle (Xasan 'Igaal Kaynan) et un Jaaji (Axmed Imaan Warsame).

[5]Certains membres de ce parti affirment qu'il a été fondé dès 1984.

Les castes dans la tourmente

Neuf ans après l'élan de 1991, alors que l'Organisation des Gaboyye d'Ethiopie a cessé d'exister en rejoignant la Ligue Ethio-Somalie créée par le Ministre éthiopien de la Coopération, le Dr 'Abdulmejid Xuseen, et que l'Association des Gaboyye de Djibouti se contente d'être un simple groupe de pression et s'abstient de participer directement au débat politique, seul l'U.S.R. continue de faire régulièrement parler de lui, essentiellement grâce à l'inlassable pugnacité de son Secrétaire Général et porte-parole, 'Aydaruus Maxamed 'Abdi "Duufaan", un Madhibaan Kuulbeer originaire de Mogadiscio et établi en Ethiopie depuis plusieurs années. A travers de multiples pétitions et courriers adressés aux Nations Unies, à l'OUA et aux gouvernements des principaux pays donateurs, l'U.S.R. s'efforce, avec l'aide d'une poignée d'intellectuels somali, de faire connaître à la communauté internationale l'existence des communautés victimes de ségrégations de la part des Somali et de sensibiliser l'opinion sur le combat mené par ces communautés pour que soient reconnus leurs droits.

Grâce à l'intervention personnelle du Dr Boutros Ghali, l'U.S.R. et trois autres partis représentant des minorités[1] sont admis, en dépit du veto formulé par certains chefs de guerre (notamment Maxamed Faarax 'Aydiid, un Hawiyye Habar Gidir, Maxamed Qanyare Afrax, un Hawiyye Murursade, le Général 'Umar Xaaji Masale, un Daarood Mareexaan, et 'Abdulqaadir "Sobbe", un Raxanweyn), à participer en janvier 1993 à Addis Abeba à la première conférence de réconciliation nationale placée sous les auspices des Nations Unies. Reconnu comme un parti politique représentatif, l'U.S.R. participe également après 1993 aux conférences de Mogadiscio et de Nairobi, tout en prenant soin de ne pas conclure d'alliance avec d'autres groupes somali. Deux ans après la réunion de son deuxième congrès, le mouvement réussit en dépit des objections formulées une nouvelle fois par 'Umar Xaaji Masale à prendre part à la Conférence de Sodere qui, organisée par l'Ethiopie, aboutit à la formation, en janvier 1997, d'un Conseil National de Salut composé de 26 factions représentant les principaux clans de Somalie, à l'exception de la faction dirigée par le clan 'Aydiid. Lorsque les Egyptiens prennent l'initiative et organisent en décembre 1997 au Caire une conférence de réconciliation qui sera violemment critiquée par les Ethiopiens, toutes les factions signataires des accords de Sodere sont invitées à se joindre à celle de Xuseen 'Aydiid[2], à l'exception toutefois de l'U.S.R., dont les représentants se sentent dès lors exclus du processus de paix. Maxamuud Xuseen Faarax "Rayyiis" en profite pour exprimer son plein soutien à l'Ethiopie et au mandat qui lui a été confié par l'I.G.A.D. et l'O.U.A. pour le règlement de la crise somalienne. En septembre 1998, le Secrétaire Général de l'U.S.R. crée à Addis Abeba le *Gaboye Development Trust Fund*, dont l'objectif est de solliciter des financements pour venir en aide aux membre les plus défavorisés des communautés *sab/bon*, désignés en l'espèce par le terme de Gaboyye[3].

Alors que quatre *sab* ont fait en 1997 une timide entrée au Parlement du "Somaliland" auto-proclamé[4], l'U.S.R. continue de militer pour que des *sab/bon* soient associés au pouvoir par les "gouvernements" régionaux à base clanique que les chefs de guerre tentent de construire sur les ruines de la Somalie. Dans la région autonome du "Puntland" qui, mise en place en juillet 1998, correspond au territoire qu'occupent les Daarood Majeerteen dans l'extrémité de la Corne, et où les groupes castés sont à la fois nombreux et traditionnellement mieux traités qu'ailleurs, la démarche entreprise auprès du président régional, le colonel 'Abdullahi Yuusuf, qui était intervenu en décembre 1997 pour que les représentants de l'U.S.R. soient conviés à la conférence du Caire, n'a pas encore permis d'assurer une participation des *sab/bon* (et notamment des Madhibaan) aux institutions locales; il est vrai que certains groupes *sab* du territoire, tels que les Xoryeelo, ont parfois donné l'impression d'être plus proches de la faction 'Aaydiid. Dans la partie centrale du pays (Mudug, Banaadir et l'entre-deux-fleuves), contrôlée tant bien que mal par les Xawiyye Habar Gidir de Xuseen 'Aaydiid, en très mauvais termes avec les dirigeants de l'U.S.R. qu'ils considèrent comme les affidés de leurs ennemis Majeerteen, les *sab/bon* ont, semble-t-il, encore moins de chances de faire aboutir leurs revendications. Enfin, dans le "Jubbaland" que le général Maxamed Sa'iid Xirsi "Morgan" songe à établir à partir de son fief de Kismaayo, les luttes claniques entre Daarood Majeerteen, Mareexaan et Ogaadeen sont encore trop vives pour que des communautés castées puissent songer à tirer leur épingle du jeu. On constate d'ailleurs d'une manière générale que si, notamment en milieu urbain, les *sab/bon* s'affranchissent progressivement de leurs patrons et tentent de mettre en place leurs propres réseaux de solidarité, ils continuent en cas de conflit à se positionner en fonction de leurs allégeances claniques traditionnelles[5].

Ceci n'empêche pas les dirigeants de l'U.S.R. de se dire hostiles à un fédéralisme qui aurait pour effet, selon eux, de renforcer les réflexes claniques et de perpétuer de la sorte la marginalisation des *sab/bon*. Le mouvement continue du reste de militer pour que l'identité propre des minorités soit reconnue, non seulement par les clans somali les plus puissants, mais également par la communauté internationale; il espère obtenir ainsi l'octroi du statut de réfugié aux *sab/bon* établis à l'étranger. L'U.S.R. réclame par ailleurs la constitution d'une commission d'enquête sur le statut des minorités en Somalie et l'abolition de toutes les traditions discriminatoires qui empêchent les minorités d'exercer leurs droits politiques, économiques et sociaux. Le mouvement exige enfin l'introduction, dans la constitution somalienne, d'une série de dispositions garantissant la place des minorités au sein des institutions (avec 10 % des emplois dans la fonction publique, 10 % des circonscriptions électorales et 10 % des postes ministériels).

---

[1] L'Union Nationale Somali (S.N.U.) des Arabo-Somali de Mogadiscio, Merka et Baraawe, l'Union Démocratique Nationale Somali (S.N.D.U.) des Daarood non Majeerteen de la région du Bari, et l'Organisation Africaine Muki de Somalie (S.A.M.O.) qui représente les anciens serfs d'origine bantoue des vallées du Jubba et du Shabeelle.

[2]Celui-ci a succédé à son père en août 1996.

[3]V. supra, p. 26.

[4]Le Parlement du "Somaliland" compte 313 députés, dont quatre *sab* : deux Tumaallo, M. Axmed 'Abdullaahi 'Ali Bahal et M. Muusa Warsame Dubbad, et deux "Gaboyye" (Midgo), M. 'Ali Maxamed Axmed et M. Rashiid 'Abdi Xasan.

[5]I. M. Lewis, *Blood and Bone, the Call of Kinship in Somali Society* (*The Red Sea Press*, 1994), p. 127.

Le piège de la tradition

Les neuf années de troubles qui ont suivi en Somalie la chute du régime de Siyaad Barre ont eu pour effet de dissiper encore un peu plus le souvenir de l'Etat né de la fusion, en juillet 1960, de l'ancien protectorat britannique du Somaliland et de la Somalia italienne. Il est vrai qu'après neuf années d'une démocratie parlementaire qui s'est diluée dans les rivalités inter-claniques, un coup d'Etat qui, en 1969, a mené au pouvoir une dictature militaire et une guerre perdue contre l'Ethiopie qui, en 1977, a mis un terme au rêve de "Grande Somalie" et fait entrer le régime dans une phase de lente mais irréversible désagrégation, les Somali n'ont guère eu l'occasion de se persuader qu'un Etat, au sens occidental du terme, pouvait être d'une quelconque utilité pour eux.

Considérées par les nationalistes somali comme les principaux obstacles au développement de l'Etat[1], les identités claniques ont tout naturellement rempli en 1991 le vide laissé par le naufrage de l'Etat somalien et la disparition de ses institutions. La lutte sans merci que se sont livré les clans pour la maîtrise des maigres ressources du pays a plongé la Somalie dans la guerre civile, avec son cortège de violences, de misère et de famines. Elle a rendu aux clans, désormais dirigés par des chefs de guerre et souvent dépendants de financements extérieurs parfois fournis par des mouvements ou des Etats islamistes, la place qu'ils occupaient au sein de la société somali avant la naissance de l'Etat. Dans toutes les régions où a pu être rétabli un semblant de stabilité politique, qu'il s'agisse du "Somaliland" auto-proclamé ou de l'Etat régional du "Puntland" mis en place en juillet 1998 par les clans Daarood du nord-est de la péninsule, les structures claniques traditionnelles, les conseils des anciens et les chefs coutumiers ont joué un rôle essentiel.

A l'instar des autres clans somali, les *sab/bon* ont, tout en subissant de plein fouet les conséquences de la guerre civile, également bénéficié dans une certaine mesure de cette évolution. Réfugiés à l'étranger, en Ethiopie, au Kenya, à Djibouti, en Europe ou en Amérique du Nord, ils sont parvenus à se faire reconnaître et, dans de nombreux cas, à faire admettre leur participation aux conférences de réconciliation organisées sous l'égide de la communauté internationale. Ils ont même réussi, comme on l'a vu, à faire leur entrée au Parlement du "Somaliland" et semblent avoir bon espoir de se voir associés, à terme, au fonctionnement des institutions dont s'est récemment dotées l'Etat régional du "Puntland".

Ces quelques avancées sont toutefois loin d'avoir réduit de manière significative la distance qui, dans le droit coutumier et dans les mentalités, sépare encore les "nobles" Somali de leurs clients roturiers. Ni les chefs de guerre, ni les anciens, ni les souverains coutumiers ne semblent pour l'instant disposés en effet à reprendre l'étendard résolument moderniste et progressiste qui avait été brandi naguère par Siyaad Barre et ses compagnons. Le retour aux valeurs traditionnelles semble rendre plus caduques que jamais la lutte contre les mutilations génitales féminines (excision et infibulation), la promotion du statut des femmes, la participation de la jeunesse à la vie politique et l'abolition des discriminations qui maintiennent les *sab/bon* dans un statut d'infériorité aussi contraire aux règles de la démocratie qu'aux lois de l'islam. Parallèlement, la confiscation des activités économiques par les chefs de guerre a singulièrement réduit, du moins dans le sud de la Somalie, les possibilités qu'avaient les *sab/bon* de s'émanciper en se consacrant à divers artisanats rémunérateurs.

Dans ce contexte à vrai dire peu encourageant, les *sab/bon* se trouvent confrontés à un choix stratégique : soit ils acceptent de participer aux institutions régionales qui se mettent en place ici et là en Somalie, sacrifiant de la sorte leurs aspirations identitaires aux allégeances claniques traditionnelles; soit ils tentent de s'organiser au niveau national et, en transcendant leurs divisions et en renonçant à leurs réflexes clientélistes, de devenir une véritable force politique, capable de s'imposer lorsque sera reconstitué l'Etat somali. La seconde option apparaît, il faut le reconnaître, comme une voie particulièrement étroite. En effet, bien que leurs talents de tireurs d'élite soient parfois très appréciés des chefs de guerre, les *sab/bon* sont trop peu nombreux et trop dispersés pour être en mesure de constituer des milices armées susceptibles de peser le moment venu sur la répartition du pouvoir entre les différents clans. Par ailleurs, faute d'être en mesure d'exploiter en Somalie des sources de revenus stables (ports, aéroports, postes frontaliers, bananeraies et autres plantations, concessions de pêche, etc.) comme le font les clans les plus puissants, les *sab/bon* ne peuvent compter, pour financer leur action politique, que sur les maigres contributions de leurs frères de la diaspora et sur les modestes fonds que pourront collecter des ONG telles que le *Gaboye Development Trust Fund* de l'U.S.R.

Les dirigeants des Etats régionaux que les clans s'efforcent de bâtir sur les ruines de la Somalie ont d'ores et déjà besoin du soutien politique et financier de la communauté internationale, dont le gouvernement de la future Somalie qui émergera peut-être un jour du chaos actuel pourra encore moins se passer. Si les donateurs semblent n'exiger pour l'instant des Somali que le retour à la stabilité, il se pourrait que, le moment venu, ils ne fassent dépendre leur sollicitude du retour à un modèle dont les Somali ont beau jeu de laisser entendre qu'il ne correspond pas à leur système de valeurs, et qui impliquerait la mise en place d'institutions réellement représentatives, issues d'élections libres auxquelles des partis politiques seraient admis à participer.

Ce modèle n'est, comme on s'en doute, aucunement rejeté par les mouvements qui représentent les *sab/bon*. Ceux-ci n'ignorent pas en effet que leur émancipation de viendra pas d'un retour pur et simple à cette Somalie traditionnelle que certains auteurs se sont plu, non sans une certaine complaisance, à décrire comme une "démocratie pastorale"[2], que feraient vivre de "fières et turbulentes races de Républicains"[3]; elle dépendra bien au contraire de l'évolution de la capacité de la société somali à évoluer vers une modernité qui, sans la priver des réflexes authentiquement démocratiques qui conditionnent son fonctionnement, la débarrassera de ses scories et réconciliera la noblesse majoritaire, représentée par les guerriers et les anciens des clans issus de Samaale, avec le tiers état minoritaire qu'incarnent les *sab/bon*. Dans la mesure où il s'agit pour ceux-ci, non pas de prendre le pouvoir, mais tout simplement d'en partager l'exercice, peut-être une simple évolution pourra-t-elle induire à terme des réparations qui, en d'autres lieux et en d'autres temps, auront coûté des révolutions.

---

[1]V. entre autres Osman Omar Rabeh : "Du Sayid (le "Mad Mullah") à l'indépendance, en passant par le Somali Youth League et le régime révolutionnaire, à chaque étape nous assistons à la lutte sans merci de la volonté nationale de progrès contre les forces nombreuses, multiformes, arriérées et obscures, tenaces du tribalisme" *(L'Etat et le Pansomalisme*, Paris, 1988).

[2]*A Pastoral Democracy* est le titre d'un ouvrage que I. M. Lewis consacra aux clans du Somaliland (Londres, 1961).

[3]L'expression avait été utilisée par R. Burton (op. cit., vol. I, p. 123) à propos des 'Iisa.

CONCLUSION

Au moment où une nouvelle Somalie tente d'émerger du chaos consécutif à la désagrégation et à la disparition de l'Etat somalien, l'énigme des Yibro fait, certes, figure d'anecdote. Quel intérêt peuvent revêtir en effet l'origine, la sort et la destinée de quelques centaines de parias qui, pas plus aujourd'hui qu'hier, ne sauraient peser de quelque manière que ce soit sur l'avenir d'un pays dont ils n'ont aucunement contribué à forger l'histoire?

Couverts d'un opprobre qui, au fil des siècles, a fini par leur coûter bien plus que leur simple renom, confinés aux marges de la société somali avec tant de rigueur et de constance qu'ils ont, délibérément peut-être, franchi les frontières de l'oubli et achèvent aujourd'hui de disparaître, les Yibro incarnent, plus encore que les autres *sab/bon*, le péché originel du peuple somali : le sacrifice d'une vérité historique à la fois foisonnante et pétrie d'ombre, à laquelle la religion apportée par les "santons" venus d'Arabie a substitué les mythes souvent réducteurs dont se nourrit le rêve d'unité des Somali. De fait, l'existence des Yibro, improbables descendants de Juifs perdus ou poignants vestiges d'une race de souverains déchus, ne contredit aucunement cette unité. Elle ne fait que la nuancer, au même titre que celle des clans qui se disputent aujourd'hui les ruines de l'Etat somalien né en 1960 de la fusion de la *Somalia* italienne et du Protectorat britannique du *Somaliland*. Dans ce contexte, la renaissance de l'Etat apparaît tributaire d'une double démarche : la réaffirmation de l'unité des Somali et la reconnaissance des diverses spécificités dont procède cette unité. En proclamant son attachement dialogue avec la "société civile", la communauté internationale préconise du reste une approche en tous points conforme à cette exigence.

Il n'est pas sûr que tous les Somali aient accepté l'idée d'associer les *sab/bon* à la mise en place des institutions sur lesquelles la reconstruction de l'Etat pourra s'appuyer. De même, la capacité des *sab/bon* à s'organiser de manière suffisamment cohérente pour que cette association puisse être seulement envisagée peut laisser quelques doutes. Comme l'a récemment démontré la reconquête, par les troupes de l'Armée de Résistance Raxanweyn, des terres fertiles de la Mésopotamie somalienne d'où les miliciens de Xuseen 'Aydiid ont été chassés, le recours à la violence demeure, en Somalie, le moyen le plus fréquemment employé, sinon le plus sûr, d'imposer la restauration de la paix et de la stabilité dans une région donnée. Les *sab/bon*, qui ne sont associés que de manière marginale à ces entreprises, n'ont dès lors aucun moyen de participer au dialogue inter-clanique susceptible de se nouer à l'issue des affrontements armés; et, s'ils obtiennent quelques sièges au sein des assemblées locales, c'est beaucoup moins en vertu de leurs droits intrinsèques qu'au nom de la bienveillance qui poussait jadis leurs anciens "patrons" à leur abandonner généreusement, pour le prix de leurs services, la tête et les pattes des animaux abattus.

Aussi convient-il de se demander si, à tout prendre, les *sab/bon* ont réellement avantage à revendiquer une identité qui les soumet à un statut d'infériorité et les condamne à d'éternelles discriminations, où si leur intérêt bien compris ne serait pas plutôt de profiter de la disparition des activités auxquelles ils se livraient traditionnellement pour tenter de se fondre dans la société somali et de faire oublier leurs origines, comme certains individus y sont d'ores et déjà parvenus en s'appropriant les généalogies des clans "nobles" auxquels ils étaient attachés. Il s'agit en fait pour les *sab/bon* de choisir entre les dividendes que pourrait leur procurer leur condition, pour le cas où seraient octroyés aux minorités des droits précis (ne serait-ce que dans le but de se concilier les bonnes grâces de la communauté internationale) et le profit qu'ils pourraient retirer d'un anonymat auquel beaucoup d'entre eux continuent d'aspirer.

ANNEXE : VOCABULAIRE YIBRO

accord (d') : *qammag*
accoucher : *jaqäydayya* (som *jaqayya*, "téter")
acheter : *dooyayya*
aiguille : *muqtareen*
aimer : *ku-bi'yusayya*
aller : *taagadayya*, *tegeedayya* (som. *taagayya*, "se mettre debout"); *shanayya*; *bidbideeyyayya* ; *midayya; 's ka mid!*, "va-t-en!")
aller (vers) : *qaaddisayya* (som. *qaadayya*)
alors : *kulhi das*
améliorer : *yifnäysinayya* (yib. *yifan*, "bon")
amulette : *qodaxeed* (cf. som. *qodax*, "épine"?)
ancêtre : *'aw* (som. *'aw*, titre donné à un chef religieux)
âne : *himar*
anneau : *kushan*
année : *lawo* (yib. *lawo*, "pluie"; par ext. "saison des pluies"); *lawohi darsad*, l'année prochaine
animal : *dalanga* (oromo *daluu*, "mettre bas")
antilope : *dalanga albaqarki* ("la bête-vache")
apporter : *midsinayya*; *soo shiimi! soo shamäy!* "apporte!"
après : *darsad*
arbre : *'aws* (som. *'aws*, "herbe")
arbre sacré : *'aws-ki aldibo*
arc : *ildiqan*
argent, monnaie : *agar-tu* (yib. *agar*, "la chose), *iftimo* (cf. yib. *iftimo*, pl. de *iftin*, "chose brillante)
argot : *baxriin* (yib. *baxräynayya*, "faire du bruit")
arme à feu : *ilax* (yib. *ilax*, "feu")
armée : *'alman* (som. *'ol*)
arranger : *yafnäysinayya* (yib. *yifan*, "bon")

attacher : *taaginayya* (som. *taagayya*, "se lever", "ériger")
attraper : *ganna'idayya* (yib. *gannad*, "main")
augmenter : *qaandiidäynayya*
aujourd'hui : *wattaxo*, *wattaxadan*
autre : *källimad*, *källämad* (som. *kala*, "différent", *kale*, "différence")
autre (fois) : *kollihi källimad* (som. *kol kale*)
avant : *horimaad* (som. *hore*); *kulhidi horiyyaad*
avoir : *dashinayya*

baisser : *midsinayya*
bât : *kabbaar* (yib. *kabbaar*, "maison")
bâteau : *qorin* (som. *qori*, "bois")
bâton : *bulbul* (som. *ul*, "id."); *boqorad* (som. *boqorad*, "reine")
battre : *la-yaftamayya*
battre (se) : *yiftimäyayya*
beaucoup : *qaandiidah* (cf. argot midgaan *qaan*, "grand, long")
bêlier : *ilowa*
Berbera : *Kalweynaleh* (yib. *kalweynaleh*, "ville")
bétail (petit) : *dhaadhi* (som. *'adhi*)
beurre : *buskulox*
beurre clarifié : *säyad*, *säygad*
biens : *yabar*
blanc : *iftiin* (som. *iftiin*, "lumière")
boeuf : *jindar*
boire : *'idonayya*
bon : *yifan*, *yafna*, *yafan* (som.*fii'an*, "intelligent; utile", par ext. "bon"); *ma yifan tahay?*, comment vas-tu?
bon (être) : *yifnayya*, *yafnayya* (yib. *yifan*, "bon")
bonté : *yafnan* (yib. *yifan*, "bon")
bosse : *fidsin*
bouc : *yahan*
bouche : *kattawa*

bouclier : *altob* (ar. *al tob*, "acte de contrition"?)
bras : *gannad* (yib. *gannad*, "main")
brebis : *ilbir*
brousse : *'aws* (som. *'aws*, "herbe")
bruit (faire du) : *baxräynayya*

cabane : *kabbaar*
cadavre : *ruuf* (or. *reeffe*)
caillou : *tumaala* (yib. *tumaala*, "dur")
calebasse à ablutions : *lawo-dhawr* (yib. *lawo*, "eau", som. *dhawrayya*, "protéger")
cassé (être) : *ureensanayya* (yib. *ureen*, "mauvais")
causer (v. tr.) : *awäyläynayya*
cent : *tusbax* (som. *tusbax*, "chapelet musulman à cent grains"); *qoderowi* (yib. *qoderowi*, "chapelet")
chacal : *aldiib* (arabe *dib*, "loup"); *dalanga dhaadho 'ida* ("la bête qui mange les moutons")
chameau : *jermo* ; *imil*
chameau de bât : *rarow* (som. *rarayya*, "porter")
chamelle : *jalan*, pl. *jalmo* (som. *gaal*, *geel*, or. *gaala*)
chanson : *takalamo*
chapelet : *qoderowi*
chaud : *ilax* (yib. *ilax*, "feu")
chercher : *fedayya* (or. *feduu*, "vouloir, désirer")
cheval : *alxeel*, *alxayl* (or. *khayl*, "les chevaux")
cheveu : *humaagsano baqriinka* (yib. *humaagsan*, "noir", et *baqriin*, "tête")
chèvre : *qal* (or. *kale*) ; *ameed*
chevreau : *jaqo*, *janqo*
chose (abstraite) : *khabar*
chose (concrète) : *agar-tu*, *agar-ti*; *agar ma ku mideesa*?, qu'y a-t-il là-ba?
chose (indéterminée) : *deri* (yib. *deri*, "un")

cinq : *shani* (som. *shan*) ; *gannad* (yib. *gannad*, "main"); *saddexi gannadood*, quinze; *limmihi gannadood*, dix; *afäri gannadood*, vingt

clair : *iftin* (som. *iftin*, "lumière")

coccyx : *dul* (som. *dul*, "dos, échine")

coeur : *kunooli*

colline : *tumaala*

colonne vertébrale : *hawar* (som. *dhabar*, *dhawar*, "dos")

combien? : *inhima* (som. immisa); *inhima ku dashisa?*, "combien en as-tu?"

commencer : *qadisayya*

complet, plein : *aanisan*

comprendre : *ku duhurayya* ; *'aymäynayya*; (yib. *'ayn*, "oeil"); *ku duhuri mayo*, "je ne comprends pas"

construire : *awäyläynayya*

corde : *dhifad* (som. *dhifanayya*, "frapper")

coucher (se) : *midinayya*

couper : *bilexayya* (cf. som. *billaawe*, "dague"?)

courir : *bidbidayya*

couteau : *wafeer*

couverture : *kalweyn humaagsan* ("vêtement noir")

cravache : *bulbul* (yib. *bulbul*, "bâton")

cuisse : *deri qab*

datte : *'aseer* (yib. *'aseer*, "rouge")

demain : *wataxadi darsad* ("le jour après")

demander : *laqsayya*

dent : *wafeer* (yib. *wafeer*, "couteau")

derrière : *daras* (yib. *daras*, "queue")

derrière (être) : *darsäynayya*

désirer : *falanayya* (som. *filanayya*, "souhaiter, attendre qch."); *fedayya* (or. *feduu*)

deux : *limmi-hi* (som. dial. *lamma*, "deux")

devant : *horiyyaad* (som. *hore*, "avant")

différent : *källimad* (som. *kala*)

dik-dik : *dalanga yahaynyaxa* ("le petit animal")
dire : *awalayya* ; *laaqayya*
dix : *lamma gannadood, limmihi gannadood* ("deux mains"); *tobani* (som. *toban*)
doigt : *deri*
donner : *'idayya*; (or. *ida'-uu*, "donner davantage"); *'id!*, *soo 'id!*, "donne!"
dormir : *lamdinayya*, *limdinayya* (or. *limit'a-uu,* "tomber, en parlant de la nuit")
dur : *tumaala* (cf. som. *tumayya*, "frapper"?)

eau : *lawo* (afar *läy*)
écouter : *maqaläydayya* (som. *maqlayya*, "entendre")
écuelle : *qodax* ; *qorin* (som. *qori*, "bois")
effrayer : *baqäynyayya* (som. *baqayya*, "avoir peur")
en dessous : *hoosiyyaad* (som. *hoos*)
enclos : *'aws* (som. *'aws*, "herbe")
endroit : *xiggi* (som. *xag*, "direction", *xagge*, "où?")
enfant : *jaqa* (yib. *jaqäydayya*, "engendrer")
enfant (par rapport aux parents) : *'ilqaan*
engendrer : *jaqäydayya*, *jaq'idayya*
enseigner : *'aymidsinayya*, *'aymäysinayya* (yib. *'ayn*, "oeil")
ensuite : *darsad*
entendre : *maqläynayya* (som. *maqlayya*)
entier : *aanisan*
envoyer : *shiminayya* ; *tegeejinayya* ;*bidbidsäynayya*
épaule : *lakkab*
épouse : *aswaan* (yib. *aswaan*, "femme")
épouser : *awaläysayya*, *awäylisayya* (yib. *awäyläynayya*, "faire")
esclave : *fuf*
esprit, génie : *Xanfalay*
estomac : *uuro* (som. *uur*, "ventre")
être : *midayya* ; *la bidayya* (passif du yib. *bidayya*, "penser"); *Annaas ba läy bida*, je suis un Yibir

exact (être) : *qammagayya*

faim : *nafeel* (som. *nafle*, "nourrissant")
faim (avoir) : *nafeelayya* (v. préc.)
faire : *awäyläynayya*
famille : *aa*, pl. *aayo*
femme : *aswaan* (ar. *al niswân*, "les femmes")
fer : *haliyoqo*
feu : *xadi* ; *ilax* (cf. som. *ilays*, "faible lumière"?)
fille : *'ilqaan* (ar. *al qayna*, "esclave chanteuse")
fils : *wäläd* (ar. *walad*, "garçon") ; *'ilqaan* (v. fille)
flèche : *wafeero yahaynyax* ("petite lance")
folie : *haynyali*
foie : *tiro* (oromo *tiruu*)
fois (pl.) : *kulhiyood* (yib. *kulhi*, "temps"); *saddexi kulhiyyod,* trois fois
forger : *aweeläynayya*
forgeron : *aabir* (som. *bir*, "fer")
fou : *haynyalisan*
fusil : *qorriin* (som. *qori*, "bois; fusil")

gagner sa vie : *yaharayya* (yib. *yahar*, "propriété, biens")
garçon : *wäläd* (ar. *walad*)
garder : *shansayya*
gazelle de Clarke, dibatag : *dalanga darasti tegeeja* ("la bête qui tend brusquement sa queue")
gazelle de Soemmering : *dalanga darasti iftimaleh* ("la bête à queue d'argent")
gazelle de Speke : *dalanga ameedo la hega* ("la bête pareille à la chèvre")
gazelle de Waller : *dalanga la bilexodo* ("la bête qui coupe, fend"?)
gens : *qariyyaadi* (yib. *qariyyaad*, "homme) ; *moyyidi*
gorge, gosier : *'unuq* (som. *'uno*)
grain, céréale : *fil*; *fil yiftin*, riz ("grain brillant")

graisse : *kob'iin*, *kub'iin* (som. *kob'ayya*, "devenir dodu"); *daras* ; *sahol* ; *siftix*
grand : *aaniyah*
gras : *siftix*
grandeur : *aani*
gravide (être) : *urri ku daalayya* (cf. som. *uur*, "ventre" et *ku daalayya*, "se fatiguer")
groupe : *aa*, pl. *aayo*

hier : *iftinti tegeedäy* ("la lumière passée"), *wataxadi horiyyaad* ("le jour avant")
histoire : *xabar* (ar. *khabar*, "nouvelles")
homme : *deri* (yib. *deri*, "un"); *yaham* (som. *yahan*, "consommateur de..."); *qariyyaad* (som. *qariyyaan*, "qui a le mauvais oeil")
huit : *gannad iyyo saddexi* ("cinq et trois")
hyène : *dalanga xabarki qandidsanleh* ("la bête à plusieurs voix")

jambe : *yaalayaafna*; *yaal*; *ilan*; *simox*
jeter : *bidbidsäynayya*
jour : *wataxa*; *wataxadi darsad*, demain; *wataxadi horiyyaad*, hier
jugulaire : *dubadiyyo*

laisser : *ladishäynayya*; *'s ka ladishay*, cela suffit, c'en est assez
lait : *qadiib*
lance : *walaxun*, pl. *walaxumo*
langage : *xabar* (ar. *khabar*, "nouvelles")
langue : *laaqdan* (som. *luuq*, "voix"; yib. *laaqayya*, "parler")
léopard : *dalanga ameedo 'ida* ("la bête qui mange les chèvres")
lever (se) : *qadisayya*
lieu : *herri* ; *xiggi*
lignage : *aa*, pl. *aayo*

lion	: *dalanga jalmo 'ida* ("la bête qui mange les chamelles")
lire	: *anqaqsayya* (som. *naqayya*, "lire publiquement", *naqsanayya*, "lire pour soi-même")
livre	: *awshoni* (som. *xaasho*, *xaansho*, "carte", *xaashad*, "lettre")
loin	: *fogameed* (som. *fog*)
lune	: *iftiin-ki* (som. *iftiin*, "lumière")
main	: *gannad* (som. *ga'an*)
main droite	: *yifan* (yib. *yifan*, "bon"); *gannadi yafnäyd* ("la bonne main")
main gauche	: *gannadi yahaynyaxäyd* ("la mauvaise main")
maintenant	: *hadiidan* (som. *haddan*); *kulhi dan* (yib. *kulhi*, "temps")
maison	: *kabbaar* (ar. *qabar*, "tombe"?); *yagool*
mamelle	: *da'aroobe*, *da'aroowe* (som. *da'ar*, "aloès"; "qui devient comme l'aloès")
manger	: *'idonayya*
mariage	: *saaradoshis* (som. *saaranayya*, "copuler", *saarasho*, "coït")
mauvais	: *'ureen*, *'ursheen* (v. suiv.); *yahaynyax*
méchant	: *'ureen*, *'ursheen* (som. *'uryaan*, "infirme")
mendier	: *qarbäynayya*
mensonge	: *heqo* ; *'ayntoli* (yib. *'ayn*, "oeil", som. *tolayya*, "coudre"; "oeil cousu")
mère	: *ya'unti jaq'idäy* ("la vieille qui engendre")
Midgaan	: *Wa'duur* ; *Ya'duur* ; *Woran* (som. *waran*, "lance")
mille	: *tobanihi qoderowiyyood* ("dix chapelets de cent grains")
montrer	: *'aymidsinayya*, *'aymäysinayya* (yib. *'ayn*, "oeil")

moi-même : *dugagäygu*
moitié : *kalaheed*
mot : *deri*
mourir : *rufayya* (yib. *ruf*, "cadavre")
Musulmans : *deriihi anqaqsoodey* ("les gens de la prière")
moutons : *dhaadho* (som. *'adhi*, "petit bétail")

naître : *jaqäydamayya* (som. *jaqayya*, "téter")
neuf : *gannad iyyo afäri* ("cinq et quatre")
nez : *sanäg* (som. *san*)
noir : *humaagsan* (som. *mugdi*, "ténèbres")
non : *haa bidin* (som. *haa*, "oui")
nourriture : *mannaxo*
nouveau : *aanisan* (cf. amhrique *addis*?)
nouvelle(s) : *xabar* (ar. *khabar*)
nuit : *humaag* (som. *mugdi*, "ténèbres")

oeil : *indhoqolo* (som. *indho*, "yeux"); *'ayn* (ar. *'ayn*); *'aynta ku yeef!,* regarde!
oiseau : *haman*
oreille : *maqali* (som. *maqlayya*, "entendre")
Oromo : *Ay-Yifan* (yib. *yifan*, "bon")
oryx : *dalan-ga walaxumo ku dashiya* ("la bête qui possède des lances")
os : *lafil* (som. *laf*)
où : *xiggi* (v. suiv.)
où? : *xigmaa? xigge?* (som. *xag*, "direction", *xagge*, "où?")
oui : *qammag* (yib. *qammag*, "vérité")

paix : *yifnan*, *yafnan* (yib. *yifan*, "bon"); *ma yafnan tahay?,* comment vas-tu?
parler : *xabaräynayya*, *xabräynayya* (yib. *xabar*, "language"); *laaqayya* (som. *luuq*, "voix")
pays : *xig* (som. *xag*, "direction")
pénis : *laduub* ; *mirdolo*

penser : *bidayya*
père : *qariyyaad i jaq'idäy* ("l'homme qui engendre")
personne (une) : *deri*
petit : *yahaynyax*
pièce d'argent, thaler : *iftiin-ti*, pl. *iftimo* (som. *iftiin*, "lumière")
pied : *ilan*
pierre : *tumaala* (yib. *tumaala*, dur")
piller : *'almanayya* (yib. *'alman*, "bande armée")
plante : *'aws* (som. *'aws*, "herbe")
pluie : *lawo* (yib. *lawo*, "eau")
poinçon : *muqtareen*
porter : *tegeejiiya* ; *shansayya*
prendre : *shamäynayya* (or. *saamuu*, "piller, se saisir de qch."?)
prêter : *maquurayya*
prier : *anqaqsayya* (yib. *anqaq*, "santon")
propos : *xabar* (ar. *khabar*, "nouvelles"); *xabar kas*, comme ceci
propriété : *yabar*

quand? : *kulhi ma?* (yib. *kulhi*, "temps")
quantité : *inhi* (som. *in*)
quantité (petite) : *shirfäy*
quatre : *afäri* (som. *afar*)
quinze : *saddexi gannadood* ("trois fois cinq")

râble, filet : *robsahan, niroq, deri gab*
raconter : *laaqayya*
razzier : *'almanayya* (yib. *'alman*, "bande armée")
récipient pour le beurre clarifié : *qodax* (som. *qodax*, "épine"?)
refuser : *danqaräynayya* (or. *danquu*, "bloquer")
regarde! : *'aynta ku yeefl* ("tourne ton oeil!")
rester : *midsanayya*
rester en vie : *midsanayya*
richesses : *yabar*
rivière : *lawo* (yib. *lawo*, "eau")

riz : *fil iftin* ("le grain brillant")
rouge : *'asayr*, *'aseerah*, *'aseera-eeh* (som; *'as*)

sacoche : *naani*
sacrifice (faire un) : *anqaqsayya* (yib. *anqaq*, "santon")
samanyo : *annaasnimo*
samanyo (aller en quête du) : *annaasnimäysayya*
sandales : *yaaliyifo* (yib. *yaal*, "jambe")
sang : *'aseero* (yib. *'aseerax*, "rouge")
santé : *yafnan* (yib. *yifan*, "bon")
santon : *anqaq* (som. *naqayya*, "lire")
sept : *gannad iyyo limmihi* ("cinq et deux")
six : *gannad iyyo deri* ("cinq et deux"; une main et un doigt")
soir : *galabi* (som. *galab*)
soleil : *iftiin-ti* (som. *iftiin*, "lumière")
soldat : *gennayd*
Somali "noble" : *Dhifad* (som. *dhifanayya*, "frapper"); *Qariyyaad* (som. *qariyyaan*, "personne qui a le mauvais oeil"); *Woran* (som. *waran*, "lance")
souhaiter : *fedayya*; *mahad fedesa*, que veux-tu?
sous : *hoosiyyaad*
sternum : *lafil* (yib. *lafil*, som. *laf*, "os")

tabac : *madow* (som. *madow*, "noir")
tantôt : *hadiidan* (som. *haddan*)
tapis de prière : *huwwad* (som. *huwwanayya*, "se vêtir")
taureau : *jindar*
temps : *kulhi* (som. *kol*); *kulhi dan*, maintenant; *kulhi das*, alors; *kulhi ma?*, quand?; *kulhidi horiyyaad*, avant
tête : *baqriin*
thaler : *iftiin-ti*, pl. *iftimo* (som. *iftiin*, "lumière")
thaler (demi) : *kalxeed*
thaler (quart de) : *yexam*
tissu : *kalweyn*

tortue : *makabuur* (som. *buur*, "montagne"; argot midgaan *makabuur*, "colline")
tourner : *yeefayya*
tranchant, lame : *kattawa* (yib. *kattawa*, "bouche")
trois : *saddexi, saddex-hi* (som. *saddex*)
trouver : *'aymäynayya* (yib. *'ayn*, "oeil")
tuer : *ruufinayya* (yib. *ruuf*, "cadavre")
tuer (un animal de boucherie) : *saqsaqayya*
Tumaal : *Aabir*

un : *deri*; *deri gas*, celui-ci
utile : *bexensan* (som. *san*, "bon")

vache : *albaqar* (ar. *baqar*, "les vaches")
venir : *qadisayya*; *soo tegeed*!, viens!
ventre : *labodin*
vérité : *qammag*
verser : *billaxayya*
vêtement : *kalweyn*
viande : *gujjo, gujjin* (or. *gojjola*, "viande grillée")
vie (être en) : *midsanayya*
viens! : *soo mid!* ; *soo tägäd!* ; *soo shan!*
vieil homme : *ya'un-ki*
vieille femme : *ya'un-ti*
vieux : *ya'un*
vingt : *afäri gannadood* ("quatre fois cinq")
ville : *kalweynaleh*
voir : *'aymäynayya* (yib. *'ayn*, "oeil")
voix : *xabar* (ar. *khabar*, "nouvelles")
vouloir : *falayya* (som. *falayya*, "faire") ; *fedayya* (or. *feduu*, "désirer"); *maxad fedesa*? que veux-tu?
vrai (être) : *qammagayya*
vulve : *shirfo*

Yibir : *Annaas*
Yibir (qualité de) : *annaasnimo*

Carte n° 1

LES COMMUNAUTES MIDGO

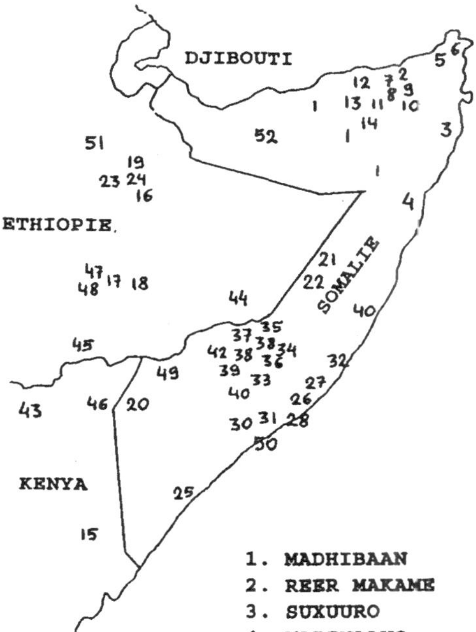

1. MADHIBAAN
2. REER MAKAME
3. SUXUURO
4. MARINAAYO
5. XORYEELO
6. FILKU'AAQ
7. JAMBEEL
8. REER WAA RAG
9. GAHAYLE
10. JARHAN
11. LO'JIR
12. 'URDUDUB
13. UGASLABE
14. JIBRIIL
15. GOL'ADE
16. REER WARDHEERE
17. MADQAAL
18. 'ASEEYE
19. REER GAHEEN
20. ILKAYARE
21. HAWRAARSAME
22. HABAR YAA'QUUB
23. FIIDLE
24. HAWLE
25. WARDEEY
26. MADARRAALE
27. GALGALE
28. GABOYYE
29. BARKANLE
30. DHAANIYE
31. DHARDOW
32. JAAJI
33. BON MAREEXAAN
34. GAAGAAB
35. GAMBALOLLAY
36. GARYEELE
37. UKKURAY
38. GARMAQAATE
39. YAYLE
40. YAXAR
41. GUULEED 'ADE
42. BARBAROW
43. RIBI
44. GAALBOORIS
45. HARAG 'ADE
46. MADAX GARRE
47. REER AAMIN
48. ASTEEXO AAMIR
49. GOBWEYN
50. SEDDAX GEEDDI
51. WIYYEER
52. QULLE

Carte n°2

LES COMMUNAUTES TUMAALLO

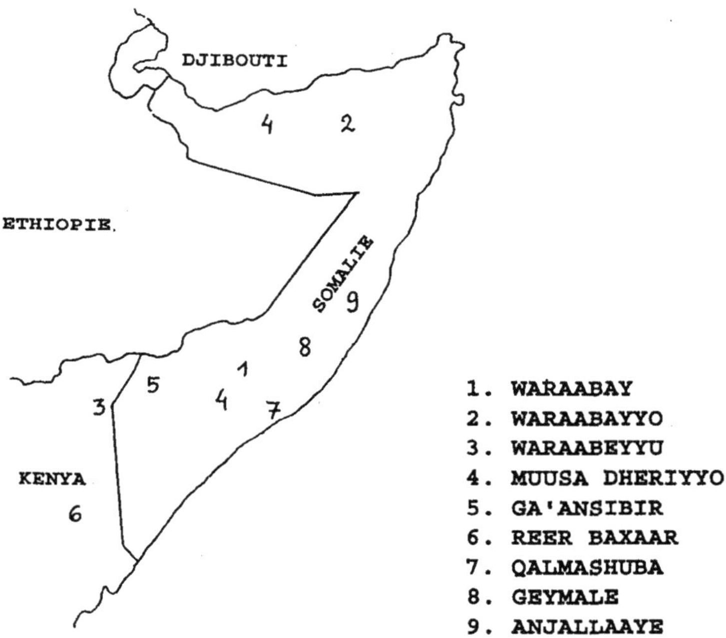

Carte n°3

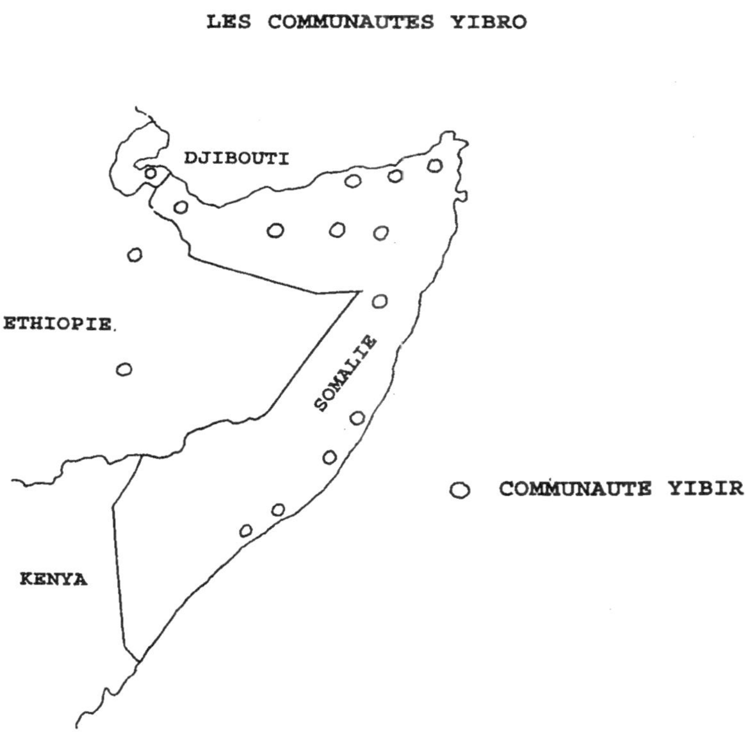
LES COMMUNAUTES YIBRO
DJIBOUTI
ETHIOPIE
SOMALIE
KENYA
COMMUNAUTE YIBIR

TABLE DES MATIERES

Collection Études Africaines

Anne LUXEREAU, Bernard ROUSSEL, *Changements écologiques et sociaux au Niger.*
Grégoire NDAKI, *Crises, mutations et conflits politiques au Congo-Brazzaville.*
Fabienne GUIMONT, *Les étudiants africains en France (1950-1965).*
Fidèle-Pierre NZE-NGUEMA, *L'Etat au Gabon de 1929 à 1990.*
Roger SOME, *Art africain et esthétique occidentale.*
Blaise BAYILI, *Religion, droit et pouvoir au Burkina Faso.*
Derlemari NERBADOUM, *Le labyrinthe de l'instabilité politique au Tchad.*
Rémi LEROUX, *Le réveil de Djibouti 1968-1977.*
Marcel BOURDETTE DONON, *Tchad 1998.*
Jean-Claude P. QUENUM, *Interactions des systèmes éducatifs traditionnels et modernes.*
Annie CHÉNEAU-LOQUAY, Pierre MATARASSO, *Approche du développement durable en milieu rural africain.*
Pierre SAULNIER, *Le Centrafrique entre mythe et réalité.*
Constant D. BEUGRE, *La motivation au travail des cadres africains.*
Emmanuel AMOUGOU, *Afro-métropolitaines, Emancipation ou domination masculine ?*
Denis ROPA, *L'Ouganda de Yoweri Museveni.*
Louis NGOMO OKITEMBO, *L'engagement politique de l'Eglise catholique au Zaïre 1960-1992.*
André FOFANA, *Afrique Noire. Les enjeux d'un nouveau départ.*
Louis SANGARE, *Les fondements économiques d'un Etat confédéral en Afrique de l'Ouest.*
Elisabeth BOESEN, Christine HARDUNG, Richard KUBA (dir), *Le Borgou - regards sur une région ouest-africaine.*
Pierre PIGEON, *Les activités informelles en République centrafricaine.*
Josias SEMUJANGA, *Récits fondateurs de drame rwandais.*
Moussa DIAW, *La politique étrangère de la Mauritanie.*
Michel DELNEUF, Joseph-Marie ESSOMBA et Alain FROMENT, *Paléo-anthropologie en Afrique centrale, Un bilan de l'archéologie au Cameroun.*
W.H. Paul William AHUI, *Eglise du Christ. Mission Harriste, éléments théologiques du Harrisme Paulinien.*

Collection Études Africaines

Manuel RUBEN N'DONGO, *L'Afrique Sud-Saharienne du XXIe siècle. Programme d'un émissaire pour l'Afrique.*
Alfred BOSCH, *Nelson Mandela – Le dernier titan.*
Ambroise KOM, *Éducation et démocratie en Afrique – Le temps des illusions.*
ATANGANA, *Éducation scolaire au Cameroun.*
Claude RAYNAUD, *Sociétés d'Afrique et Sida.*
Thibaut MOURGUES, *Les Ethiopiens. La Misère et la Gloire.*
Fweley DIANGITUKWA, *Qui gouverne le Zaïre ? La république des copains. Essai.*
Fabien EBOUSSI BOULAGA, *La Démocratie de transit au Cameroun.*
Jean-Pierre LACHAUD, *Les Femmes et le marché du travail urbain en Afrique subsaharienne.*
Olivier MEUNIER, *Dynamique de l'enseignement islamique au Niger.*
Olivier MEUNIER, *Les Routes de l'Islam. Anthropologie politique de l'islamisation de l'Afrique de l'Ouest en général et du pays Hawsa en particulier, du VIIIe au XIXe siècle.*
Heike BEHREND,*La Guerre des esprits en Ouganda. Le mouvement du Saint-Esprit d'Alice Lakwena (1985-1996).*
Jean-Baptiste N. WAGO, Préface de Lahsen ABDELMALKI. *L'Afrique face à son destin. Quel projet de développement en l'an 2000 ?*
Jean-Claude GAKOSSO, *La nouvelle presse congolaise.*
Emmanuel AMOUGOU, *Etudiants d'Afrique en France. Une jeunesse sacrifiée ?*
Jean-Paul NGOUPANDE, *Chronique de la crise Centrafricaine. Le syndrome Barracuda.*
Bruno JAFFRÉ, *Biographie de Thomas Sankara. La patrie ou la mort...*
Jean-Bernard OUEDRAOGO, *Violences et Communautés en Afrique noire.*
Suzie GUTH, *Lycéens d'Afrique.*
Colette DUBOIS, *Djibouti 1888-1967, héritage ou frustration ?*
Françoise KAUDJHIS-OFFOUMOU, *Procès de la démocratie en Côte d'Ivoire.*
Noël DOSSOU-YOVO, *Individu et société dans le roman negro-africain d'expression anglaise de 1939 à 1986 (3 volumes).*

Collection Études Africaines

Dernières parutions

Yao ASSOGBA, *Jean-Marc Ela, Le Sociologue et théologien africain en boubou.*
Oméga BAYONNE, Jean-Claude MAKIMOUNAT-NGOUALA, *Congo-Brazzaville : diagnostic et stratégies pour la création de valeur.*
Albert LE ROUVREUR, *Une oasis au Niger.*
Samuel EBOUA, *Interrogations sur l'Afrique noire.*
Constant VANDEN BERGHEN et Adrien MANGA, *Une introduction à un voyage en Casamance.*
Jean-Pierre YETNA, *Langues, média, communautés rurales au Cameroun.*
Pierre Flambeau N'GAYAP, *L'opposition au Cameroun.*
Myriam ROGER-PETITJEAN, *Soins et nutrition des enfants en milieu urbain africain.*
Pierre ERNY, *Ecoliers d'hier en Afrique Centrale.*
Françoise PUGET, *Femmes peules du Burkina Faso.*
Philippe BOCQUIER et Tiéman DIARRA (Sous la direction de), *Population et société au Mali.*
Abdou LATIF COULIBALY, *Le Sénégal à l'épreuve de la démocratie*, 1999.
Joachim OELSNER, *Le tour du Cameroun,* 1999.
Jean-Baptiste N. WAGO, *L'économie centrafricaine*, 1999.
Aude MEUNIER, *Le système de soins au Burkina Faso*, 1999.